儲け方入門

100億稼ぐ思考法

堀江貴文
TAKAFUMI HORIE

PHP

まえがき

正直言って、本というのは情報ソースとして効率が悪い。同じ紙メディアでも新聞や雑誌と比べると、圧縮率が低すぎるのだ。自分で文章を書くとよくわかるが、多くの枚数を要求されると、どうしても升目を埋めるために余計なことまで書いてしまう。おそらく他の著者にしても似たり寄ったりだろう。本というのはそういう無駄な部分が多いので、読むのに費やす時間に対し、得られる情報量が少なくなるのだ。

だから僕が本を書くときは、なるべく簡潔にまとめるよう心がけてきた。

するとあるとき、僕の本を読んだ人から、「堀江さんの本はコラム集みたいですね」と言われてしまった。たぶんその人は、もっと普通の本らしく、字をたくさん書けと言いたかったのだろうが、逆にこの言葉は僕にとって大きなヒントとなった。

その手があったか。

そこで僕は今回、雑誌に記事を書くつもりで、「儲け方」について、ひとつのテーマにつき八百字でまとめ、その集大成を本にすることにした。この試みはかなりうまくいったと思う。

またこれまでいろいろなインタビューで聞かれたようなことは、ほぼこの本で答えているので、今後僕の取材をする人は、この本をよく読んで、ここに書かれていないことを質問してほしい。

著作を読めばわかることを、わざわざ聞くのは時間の無駄だ。ところがそういう無駄を平気でしている人が、社会にはたくさんいる。プレゼンテーションの際、口で説明すればひとことですむことを、時間をかけて企画書にしたり、あるいは企画書があるなら「これ、目を通しておいてね」でいいのに、ご丁寧にその企画書を端から読み上げたり。そういう人はメールでも、だらだらと長い文章をつくって送ってくる。文章は長いほうがありがたいと思っているのかもしれないけど、はっきり言ってありがた迷惑。僕としては一行で用件がわかるよう簡潔に書いてくれたほうがよっぽどありがたい。

稼げるビジネスマンはいつだって、時間の密度を極限まで高めようとしている。そうしないと世の中を流通している、膨大な情報を処理しきれないからだ。一方、時間の密度が薄い人は、明らかに情報量で差がつくから、これからどんどん置き去りにされるだろう。

それから年末の忙しい時間の合間を縫って、座談につきあってくれた浅草キッドのお二人には、この場を借りてお礼を申し上げる。彼らと最初に番組で知り合ってから、かれこれ二年になるが、いつ会ってもいい意味で刺激を与えてくれる。今回もずいぶんビジネスのヒントをいただいた。そのうちのいくつかは本気で実現しようと思っている。もちろんそのなかにはお笑いも含まれている。詳しくは本文を読んでほしい。

堀江貴文

まえがき…1

儲け方入門

僕の考え

構成――――山口雅之
装丁――――一瀬錠二（Art of NOISE）
写真撮影――稲垣徳文

儲け方入門

1

大学なんて行く必要ない。

大学なんて時間の無駄ですよ。授業といったって教授が自分の書いた教科書を教えるだけでしょ。だったらその教科書を買ってきて読めばいいんだから、別に大学なんて行く必要ないじゃないですか。

すでに大学生なら四年間なにを勉強するなんてことを考えずに、さっさと辞めちゃえばいいんです。辞めて自分で会社をつくる、そのほうが間違いなく有益なことが多く学べます。若ければ若いほどリスクは少ないしチャンスはあるんですから。のんびり四年も大学なんか行っていたらものすごく損しますよ。

僕も中退ですけど、もっと早く辞めておくべきだったと、いまもそれだけは後悔しています。

もし大学に行くなら、人脈づくりとわりきることですね。営業先に元同級生がいれば、なにかと役に立ちますから。

その場合もかつて机を並べたという事実だけが大事なんであって、わざわざ卒業する必要なんかありません。ただし将来の人脈を期待するなら、一流大学じゃなきゃあまり意味がないでしょうけどね。

いちばんいいのは、大学に入って周りの学生や教授たちに顔を覚えてもらって、ゴールデンウィークのころ五月病のふりをして辞める。それで自分で会社をつくって、すぐに社長の肩書きを刷り込んだ名刺を配りに行くんです。必ず話題になるし、そういう変わった奴だと、卒業したあともずっと記憶に残るでしょ。

2

字が読めて、簡単な計算ができれば十分儲けられる。

学校では「読み・書き・そろばん」程度の基礎的なことだけ教えてくれればいいのに、なにか余計なことをやりすぎているような気がします。いまは字さえ読めれば漢字なんか書けなくてもいいし、計算だって簡単な四則演算ができれば生きていけるんですから。

なんで昔はみんな漢字を勉強したかといえば、媒体が紙しかなかったからです。漢字が書けないと情報伝達やコミュニケーションに支障をきたすので、しかたなく勉強していたんですよ。でもいまは漢字なんて誰も手で書かないじゃないですか、自分の名前くらいしか。正直言ってパソコンのワープロソフトが使えれば、漢字なんて書けなくたって全然困らない。いらないですよ、漢字、書道の道にでも進む人以外は。韓国だってハングルになっちゃったしね。

計算も電卓があるし、ケータイにもそういう機能が付いているんだから、五桁の筆算ができなくて困るなんて局面はありません。それなのに時間をかけて五桁の筆算ができるようになる意味って、どこにあるんですか。

とにかく学校では最低限の基礎力だけ身につけ、あとは一人ひとりが必要なことをその都度勉強していけばいいと、僕は思いますけどね。

小学生のうちから論理的思考を養うべきだなんて意見には、ひとこと「アホ」って言えばいいんですよ。だってそうでしょ。論理的思考なんて高度な武器を、なんで全員が持たなければならないんですか。論理的思考ができる人なんて、実社会でもほとんどいませんよ。でもみんなそれなりに生きているじゃないですか。できない人は論理的思考を使わなくてもすむマーケットがあるんだから、そういうところで頑張ればいいんです。

それにもともと能力が低い人が、苦労して論理的思考を身につけたところで、生産性なんてたいして変わりません。そういうことははっきりアナウンスしたほうがいいですよ。

3
下積みの苦労など必要ない。

学校ってなんで雑巾がけみたいに、将来絶対に役に立たないことをやらせるんですかね。僕にはまったく理解できません。だって実社会に出て雑巾がけをする局面があると思いますか。あるわけないでしょ。会社の掃除は業者がやるし、家の掃除だって普通は掃除機ですんじゃいますよね。それなのにいまさら雑巾がけをやらせるなんて、発想がどうかしてますよ。

それにいまは掃除の道具も、新しくて使いやすいものがどんどん出てきている。紙のシートで床のほこりや髪の毛を絡め取るのがあるじゃないですか。僕、あれ初めて使ったとき感動しましたよ。「世の中にこんなに便利なものがあるのか」って。学校で教えるなら、そういう新しくて有益な情報を教えるべきじゃないのかな。

「いや、そうじゃなくて、雑巾がけは心を磨くんだ」なんてことを言う人もいますよね。はっきり言ってくだらないですよ。

そう言う人たちは自分たちがそうやって苦労して、ピラミッドの底辺から一歩一歩上ってきたものだから、若者にも同じ経験をさせたいだけだけなんです。そんなの単なる私怨ですよ。

だいたい下積みの苦労が人間を鍛えるなんて、あんなの嘘に決まっています。いまどきの子どもに掃除は雑巾でやれなんて言ったら、「家じゃ掃除機でやるのになんで」って、逆にひねくれると思いませんか。

もっと怖いのは、そうやっておとなが理不尽なことを強制していると、「なんだ、世の中って理不尽なところなんだ」と子どもが思い込んでしまうことです。それって子どもがもともと持っているチャレンジ精神の芽を、わざわざおとなが摘んでいるということでしょ。それのどこが教育だって言いたいですよ。

4

「自分に起業できるか」なんていう悩みはナンセンス。

自分が起業家向きかそうじゃないかなんて、やってみなければ誰もわからないでしょう。そんなこと考えている暇があったら、さっさと自分で商売を始めたほうがいいですよ。

失敗したってどうせゼロに戻るだけだし、そう思えば失うことなんか全然怖くないじゃないですか。お金なんてまた稼げばいいんです。借金が返せなくて自己破産しても、命までは取られないでしょ。信用だって、人はすぐ忘れちゃうんですから。僕も支払いを踏み倒されたことがあります。そのときは頭にきましたよ、だけどいまはもう、怒りの感情ないですもん。人間は忘れる能力があるから素晴らしいんですよ。その人に会ったら、「お金は返してね」とは言いますけどね。だいたい歴史を見れば、国だって平気で国民の借金踏み倒してるんですから。社会ってそんなものなんですよ。

自分でビジネスを始めるのが怖いというのは、ちゃんとした会社のほうが安定していると思い込んでいるだけです。おかしいですよ。この世に安定なんてあり得ないのに。

そういうのって、「大きな飛行機や船は安全だけど、自分で車を運転するのは危ない」という感覚に近いですよね。でもよく考えればわかることですが、大きな飛行機や船が絶対に安全だというわけじゃないでしょ。ジャンボ・ジェットだって堕ちるし、タイタニックだって沈んだ。事故に遭う確率は低いかもしれないけど、ゼロじゃないわけです。しかも飛行機や船を選ぶとき、どれが危険かなんて情報はまず出てきません。ところが車なら、自分が運転を気をつければある程度事故は防げる、つまりリスクコントロールできるんです。

僕は大きくても人の運転する乗り物より、自分の車のほうが安心できると思いますけどね。

5

いま、日本にはゴールドラッシュが巻き起こっている。

十九世紀のアメリカは、ゴールドラッシュでわきました。誰もが一攫千金《いっかくせんきん》を夢見て、フロンティアを目指したのです。それと同じことが、二十一世紀の日本にも起こっていると僕は思っています。

だっていまはその気になれば、誰もがいつだって行動を起こせるじゃないですか。もし江戸時代に生まれていたら、こうはいきません。身分制度はあるし、基本的に藩の外には出られない。なにか新しいことをやろうと思っても、周りは壁だらけです。あえてその壁に挑んだ人も少なからずいたでしょうが、そのリスクたるや半端なものじゃなかったはずです。

いまくらいですよ、乗り越える壁すら存在しないなんていう楽な時代は。行動を起こすのにたいした勇気も覚悟もいらないし、チャンスはごろごろ転がっている。それさえつかめば誰だって大金を手に入れることができるんですから、まさにゴールドラッシュじゃありませんか。

こんな夢のような時代にいながら、なんでみなさん我慢してサラリーマンなんかやっているんですかね。僕にはそれが不思議でなりません。

そういう人はたぶん、なにもないところに自分で壁をつくってしまっているんでしょう。心理的な壁を。そうとしか考えられない。

世間で優秀と思われている人ほどそうですね。名もないベンチャーより大企業の名刺のほうが価値があると思っている。あるいはいまの年収を百倍にするなんて自分には無理だと勝手に決め付けてしまう。そういう人たちの成功のイメージって、いまだに医者か弁護士のような社会的に認知された仕事なのであって、たとえば健康食品のネットワークビジネスで儲けるなんていうのは、最初から可能性から排除されてしまっている。これってなんだか意識のレベルが低すぎませんか。

カネを稼ぐなんて自転車と同じで、やってみればたいしたことはないんです。壁を壊せばそこはフロンティアだらけなんだけどな。

6

明日のためより、今日のため。

僕にインタビューする人は必ず、将来の目標やビジョンについて聞きたがりますけど、そんなこと聞かれたって、答えられないですよ。

僕は昔から、半年以上先のことは考えたことありません。「ものごとは常ならず」って言葉、あるでしょ。明日なにが起こるかすら人間にはわからないのに、それより先のことを考えたってしょうがないじゃないですか。だから三年後、五年後の業績予測を出せとか言われるのがいちばん困るんです。そういうときは正直に、「わからない」って言いますよ。

人生設計を教えてくれって言われても、そんなもの設計しませんから。そんなことより僕にとって大事なのは、日々楽しく生きることです。予定を立ててそのとおりになっても、きっと楽しくないと思いますよ。あしたのジョーみたいに、「明日のために」今日を犠牲にする生き方なんて、僕には考えられないですね。

将来のことを考えようが、行き当たりばったりだろうが、たぶん結果は同じはずです。人ってある一定の割合でチャンスが巡ってくるんですよ。

人生って運気とか、バイオリズムとか、景気の波とかいろいろな要素が複雑に絡み合って決まりますよね。それでなにかの拍子に、それらがたまたま最高の組み合わせになることがある。こうなったときは、チャンスが向こうから勝手に近づいてきてくれます。あとはこれをチャンスと見抜けるかどうかだけの差でしかありません。僕の場合はインターネットと出会ってすぐ、これは人生最大のチャンスと気づいてすかさずその波に乗り、そのままの勢いでここまで来たようなものです。

チャンスを見抜き、波に乗るタイミングを逃さなければ、仕事も人生もだいたいの人がうまくいきますよ。努力とか関係ないです。人生設計なんて、笑っちゃいますよね。

7

利益率が高くて元手がかからないことをやる。

自分で起業すれば、普通は儲かるはずなんです。それなのにうまくいかないというのは、まず間違いなく基本的な原則を無視して商売を始めているからに違いありません。それでは原則とはなにか。

元手がかからず利益率が高い、これだけです。

今回は失敗してもいいくらいの余裕があるなら、好きなことでもなんでもやればいいんですが、絶対に成功させたいと思うのなら、この原則は必ず守らなければいけません。

たとえばやっちゃいけない典型が、フランチャイズ・チェーンのオーナー。最初にコンサルティング・フィーやらなんやらで、一千万円くらいかかるでしょ。それに月々の売上から本部にロイヤルティを支払わなければならない。多額の資本がかかって利益率が低いなんて、最悪のビジネスモデルじゃないですか。

ラーメン屋のような外食産業も、初期投資がかかって利益率が低いから、確実に儲けたいならやめたほうがいいでしょう。単なる憧れで脱サラして始めても、失敗する確率は高いですよ。

逆にいいのはマッサージのような仕事です。出張専門でやれば元手もかからないし、原価率もきわめて低い。それで徐々にチェーン展開していけばいいんです。わざわざ外国に行ってMBAなんか取るより、マッサージ師の免許を取ったほうが、簡単に儲けられると思いますよ。

『ナニワ金融道』っていう漫画があるじゃないですか。あれはしがない街金が舞台ですが、登場人物がみんなエリートと対極の、言ってみれば社会の底辺にいる人たちです。そういう奴らがなんでカネを稼げるかといったら、この商売の原則をちゃんと守っているからなんです。僕はこの漫画を読んだとき、頭のいい人間がこれをやればもっと儲けられるということに気がついて、欣喜雀躍《きんきじゃくやく》しました。

8

一千万円程度なら誰でも稼げる。

僕はお金にはそんなにこだわっていないんです。そのあたり、けっこう誤解されているのかもしれませんね。

お金って人間の力を表すただの指標ですよ。ただ、指標としては非常に優れている。なにしろこの世界のあらゆるものには、例外なく値段が付いているんですから。基本的に値段の付けられないものは存在しないと、僕は思っています。

生命保険って、まさに人間の命にまで値段を付けているってことでしょ。僕は子どものころ、この事実を知って愕然《がくぜん》としました。命の額まで決まっているというのは、なんだか生理的に嫌でしたね。

すべてに値段がついているということは、お金で買えないものはないということです。プロ野球の球団だって買えるし、女心だって買える。だからとにかく社会で力を得たいと思うなら、お金を稼ぐのがいちばん手っ取り早い方法なんです。

稼ぐなんて簡単じゃないですか。起業して稼げる商売に就けばいいだけですから。さすがにいきなり五千万、一億というのはハードルが高いかもしれませんが、一千万円程度なら誰だってすぐ稼げますよ。利益率が高くて元手がかからないことをやればいいんです。アイデアもなにもいりません。それなのに、なんでみんなやらないんですかね。

もっとも「年収三百万円でいい」という人は、別にそれでもいいと思います。いまはいろんな価値観の人が生きられるように、社会のインフラが整備されていますし。三百万円だってハンバーガーと牛丼があれば、それなりに暮らせそうじゃないですか。

ただ僕は年収三百万円という生き方をしたいとは思いませんけどね。というか仕事を始めてから年収が一千万円より下だったことがないので、そういう人たちの気持ちがわからないんですよ。

9

誰もがダメだと思っている手を出さないことに手を出す。

僕は幼いころから、自分が我慢して周りに合わせることが大嫌いでした。友だちが遊んでいても、自分がやりたくないと思えば輪に加わらないし、おかしいと思えば先生に向かってても平気でおかしいと言ってしまう。だから嫌われていたと思いますよ、友だちからも、先生からも。でも世間の常識というひとつの価値観に染められるくらいなら、嫌われてもいいやって、小学生のころからほとんど開き直っていました。「正しいのは僕のほうだ」って。実際僕のほうでしたけどね。

とにかくおとなの言う「長いものには巻かれろ」という意味が、僕にはまったくわからなかった。そういうことを言われるたびに、なんで巻かれなきゃならないんだろう、巻かれたら自分のやりたいことができなくなるじゃないかと、本気で不思議に思っていたんです。

その感覚は、おとなになったいまでも変わらないですね。逆にこの時代にまだ、長いものに巻かれていれば安全だとか、なにかメリットがあると信じ込んでいる人がたくさんいることのほうが、僕には理解できません。おかげでこっちはビジネスがやりやすくて助かりますけどね。

最初に近鉄バファローズの買収を表明したときも、「毎年四十億円もの赤字を垂れ流す球団なんか買ってもメリットはない」とか、「プロ野球なんかコンテンツとして時代遅れだ」とかさんざん言われましたけど、誰もがダメだと思って手を出さないからこそ、そこにチャンスがあるんです。その証拠に僕が手を上げてから、やっとチャンスに気がついて慌てて追いかけてきたところが、いくつもあったじゃないですか。

ビジネスというのは、いかにニッチを探してニーズを掘り起こすかが勝負なんです。長いものに巻かれていればリスクはないと多くの人が思っている間は、僕の商売は安泰ですよ。

10

売りやすいところに売る。

面識もないところにいきなり行って営業するようなことは、いまはあまりありません。新規開拓の場合はほとんど紹介ですね。相手が誰であれ、必ずプラスになるものを提供できるという自信がありますから、営業に行っても自分からポジションを下げて、揉み手をするようなことはありません。

ただし起業したばかりだったりすると、そうはいかないでしょう。いくらいい商品やサービスを提供できても、自ら営業して売ってこなければお金になりませんからね。いいものなら黙っていても自然と売れるなんてことは絶対にないんです。

逆に営業さえすれば、どんなものだってある一定の割合で確実に売れますよ。

営業に関しては、効率のいいやり方とか細かいテクニックなどにはあまりこだわらなくていいんじゃないですか。しつこく電話してアポイントメントを取り付け訪問し、売りたい商品をきちんと説明する。それを繰り返していれば必ず売れます。

あとは売りやすいところにまず営業に行く。親兄弟や親戚、友人、友人の紹介……そういう人たちを片っ端から当たっていくのも手です。縁もゆかりもないところにいきなり飛び込み営業をするより、確実に売れるはずです。

ぶっちゃけた話をすれば、会社にとっては営業マンがどんな売り方をしようが、売ってさえくれればそれでいいんです。よく飛び込み一日五十件とかいうノルマを部下に課したり、「知り合いに売っても真の営業力は身につかない」とか言う上司がいるみたいですが、そういう数字以外のことというのは、会社にとってもあまり意味がないので、無視したっていいと思います。

茶髪だって、口のきき方が社会人らしくなくたって、営業というのは結果さえ出せばいいんです。できる営業には、型にはまらないやり方をするタイプが意外に多いんじゃないですか。

11

発想力よりも情報力。

いろいろアイデアはあるんだけど、それをお金に変える方法がわからないから、ぜひそこのところを教えてほしいという人がたまにいるんですが、そういう人に僕は、「アイデアってお金になるんですか」って逆に聞くんです。

商売でなにがお金になるかといったら、それは付加価値よりほかにありません。人は付加価値があるからこそ、その商品やサービスにお金を払うんです。ところがアイデアには、肝心の付加価値がありません。というよりアイデアなんて誰だって思いつくんです。

よく「すごい大発明だと思っても、世の中で三人は同じことを思いついている」という言い方をしますが、実際は三人どころじゃなくて、何百人、何千人も同じことを考えているんです。あなたのアイデアなんてそんなものだと思ってまず間違いないでしょう。だからこそ、最初に思いついた人を保護する特許や、著作権制度があるんじゃないですか。もっとも僕は、たまたま先に考えて申請した人だけが利益を得るような制度にはあまり意味を感じませんが。

とにかくアイデアだけでは付加価値にはなりません。それではこの時代に付加価値を生み出すものはなにかといえば、それは情報と時間のアビトラージ（サヤ取り）です。ほかの人よりも情報量が多く情報処理の速度が速いほどお金が儲かる、それがいまという時代なのです。

このことを知っていれば、自分はアイデアを考えるのが苦手だなどと悩む必要はないということがわかると思います。それに結局アイデアだって、その源泉は情報じゃないですか。つまり情報をたくさん持っていれば、アイデアなんてそれこそ山のように浮かぶわけで、なにも思いつかないというのは、手持ちの情報量が少ないからなんです。だからアイデアマンになりたい人は発想法の本など読むより、ひたすら情報を取り込んだほうがよっぽど効果があると思います。

ただしそうやってアイデアが浮かぶようになっても、それはお金にはなりません。このことは忘れないでいてください。

12

情報はストックせずその場で処理する。

いまだに新聞の切り抜きをクリッピングすることが情報収集だと思っている人がいると聞いて、思わず笑ってしまいました。

情報をストックして整理や分類することにはまったく意味がないので、そんなことは即刻やめたほうがいいでしょう。

そういうことが好きな几帳面な人は、「あとで必要なときに肝心の情報がどこにいったかわからなくなると困るので、探しやすいようにしておきたい」とでも思っているのでしょうが、そんな心配は無用です。寝かせておいてどこにいったかわからないようなものは、もはや情報としての価値を失っているはずですから、むしろ忘れてしまったほうがいいのだと思ってください。

だいたい情報を取り込み、それを整理して、あとでレビューするなどというそんなのんびりしたことをしているようでは、とてもじゃないですが現在世の中を流れる情報量についていけません。いまや情報は取り込んだらその場で即処理するものなのです。

それから効果的に情報収集するために、情報源を絞ったり選別したりするのもナンセンスです。たとえばインターネットの掲示板に書かれているようなことは、情報として価値がないかといえば、たしかにそのほとんどはジャンクでしょうが、なかには砂金のような情報が紛れ込んでいる可能性だってあるのです。それを見つけるコストは非常に高いものの、かといって最初から砂金探しに参加しなければ、その人は絶対に砂金を手に入れることはできません。一方、新聞や雑誌というのは、一応編集者のフィルターを通過しているので、情報の確度は高いかもしれませんが、誰だって手に入れられるものに、情報としてそれほど価値があるでしょうか。

要は情報源など気にせず、情報は片っ端から取り込んで、処理量を増やせということです。そうすれば有用な情報に当たる確率も高くなるし、処理能力も高まる、分析力だって自然に身につくじゃありませんか。

13

仕事に必要な数字を、常に頭に入れておく。

僕はよく決断が早いとか、フットワークがいいとか言われます。僕自身はもっとスピードを上げないとダメだなといつも思っているのに、世間の人はよっぽどスピードが遅いのでしょうね。

決断に時間がかかるということは、決断するのに必要な情報が不足しているんです。なにか問題が持ち上がって、そこから慌てて情報収集を始めていたら、そりゃ時間もかかるでしょう。僕は判断を迫られても、自分の持っている情報で足りないことはまずありませんから、ほとんどその場で決断できます。時間をかけて返事をするなんていうのは、それこそ一週間に一度あるかどうかですね。

ひとつコツを伝授しておくと、仕事に必要な数字や統計データ、僕の場合なら日本のインターネットユーザーの数など、そういうものは、ディテールまでいりませんからざっくりした数字で常に頭に入れておくのです。こういうのを調べるのって、けっ

こう時間を取られますから、覚えておくだけでかなりの時間短縮になります。

僕が唯一判断に苦しむとすれば、それは人の感情が絡むケースです。こう言ったらどういう反応が返ってくるかは、人によっていろいろなパターンがありますし、言い方によってこちらの真意が伝わらないこともありますからね。

ただそれも最近は、ある程度経験知で判断できるかなと思えるようになってきました。たとえば以前は、辞めたいという社員を、どういう言い方をすれば効果的に引き止められるかと考えたりしましたが、どういう言い方をしても、結局辞めるまでの期間が変わるだけで、辞めたい人は辞めるんです。しかも辞める時期が一、二年延びたところでその間のパフォーマンスは確実に下がる。ということは無理に引き止めてもしかたがない。そういう経験知のデータベースがだんだん充実してきたというわけです。

14

マーケティングの嘘に騙されない。

上の世代の人たちを見ていると、つくづく気の毒だなと思います。だって彼らはずっと騙されてきて、いまやっとそれに気づいても、もうやり直しがきかない年齢になってしまっているんですから。

それにしてもうまく騙したものです。たとえば終身雇用や年功序列。こんなもの永遠に経済や人口が膨張していかないかぎり、必ずどこかで破綻がくるのは当たり前じゃないですか。それをあたかも永遠不変であるかのごとく信じ込ませて、大量のサラリーマンを生み出した。だいたい会社の形態ってネズミ講でしょ。下部組織は必死で働いて、いい思いができるのはピラミッドの頂点に近い人たちだけ。しかもそこまで行けるのはほんのひとにぎりしかいないし。

住宅もそう。なんで郊外に三十五年ローンで建売一戸建てを買うのが「夢」なんですか。無理してそんなことをするから、早起きして満員電車に一時間以上も押し込められなければならないのだし、持ち家だから固定資産税もかかって、古くなれば修繕費だってばかにならない。しかもローンの負担は延々と続く。

そういう実態がわかれば、サラリーマンが一戸建てにこだわる理由なんてないんですよ。都心のマンションのほうがよっぽど快適なんですから。もっといえばマンションだって十年で買い替えが必要になるから、そうするといちばん賢明な選択というのは賃貸ということになります。

結局「庭付き一戸建て」とか「一国一城の主」のようなマーケティングの言葉に、みんな騙されてきたんですよ。もっともそういう言葉をつくって、こういうシステムをプロデュースした人はすごいと思いますけどね。

そういうマーケティングの言葉の嘘が、ここにきてずいぶん明らかになってきてはいるのに、相変わらず現実を見ないで騙され続けている人がいるというのが、僕には不思議でなりません。そういう人たちのおかげで、いまだに既得権だけで食べられる人がいなくならないんですよ。

15

採用基準を決めても意味がない。

採用に関しては、画一的な基準があるわけではありません。新卒とか途中入社とかも、一切区別していませんし。もちろん学歴も関係ない、というか興味ないですよ、どこの学校卒業したかなんて。履歴書見て東大卒って書いてあると、「ああ、頭いいんだな」って思うくらいで。

人材コンサルタントのような人から、あらかじめ業務内容や社風に合わせて採用基準をつくったほうが、効率的に人が採れるとアドバイスされたこともありますが、はっきり言って必要ないんです、そんなものは。ネットで募集をしてフォームに書き込んでもらった内容を見て、これはという人だけ面接に来てもらえばいいんですから。

唯一僕のなかで採用基準があるとするなら、金儲けがうまそうな人ですね。「この人なら儲けて会社に利益をもたらしてくれそうだ」と僕が思えば、即採用です。

ライブドアのように売上が倍々ゲームで伸びている非常識な会社だと、誰が見ても素晴らしいと思える実績と常識を兼ね備えた人より、一瞬「大丈夫かな」と採用を躊躇《ちゅうちょ》するような人のほうが、入社後に予想外の力を発揮するってことも珍しくありませんから、採用基準なんて決めても意味ないんですよ。

だからウチの会社には、とても社会人とは思えないような服装や髪型の人や、社長に平気でタメ口をきくような常識知らずの社員がたくさんいます。ちゃんと会社に利益をもたらしてくれさえすれば、そんなの全然気にしませんから。

採用に関して本音を言えば、向こうから「入れてください」と来る人間には、あまり期待はしていません。優秀な人が来たらラッキーかなって感じです。会社にとって本当に必要な人材は、探し出して引っ張ってきます。ヘッドハンティングがいちばん効率がいいということですよ。

16

足の速いヤツだけついてくればいい。

社員は数字でしか見ません。でも、目標を達成したって誉めたりしません。だってそれ、当然のことでしょ。そのために給料を払っているんだから。

また逆にいっぱい汗を流していても、数字が上がってこない人には声もかけないか、「君、忙しそうだけど、なんだか空回りしてるね」って言うだけです。そうするとそういう人は、自然にいなくなっちゃいますよ。

教育すれば少しは効果があるかもしれませんが、面倒くさいんですよ、時間もかかるし。ＯＪＴで十分です。社員を集めて朝礼なんかしたことないですよ。

聞かれれば教えますけど、それにしたって聞き方が悪いと答えません。僕はそんなに親切でも暇でもないですから。

はっきり言えば、必要なのは足の速いヤツだけです。足の速い人が遅いのと一緒に走っても、お互い不幸になるだけだと思いませんか。

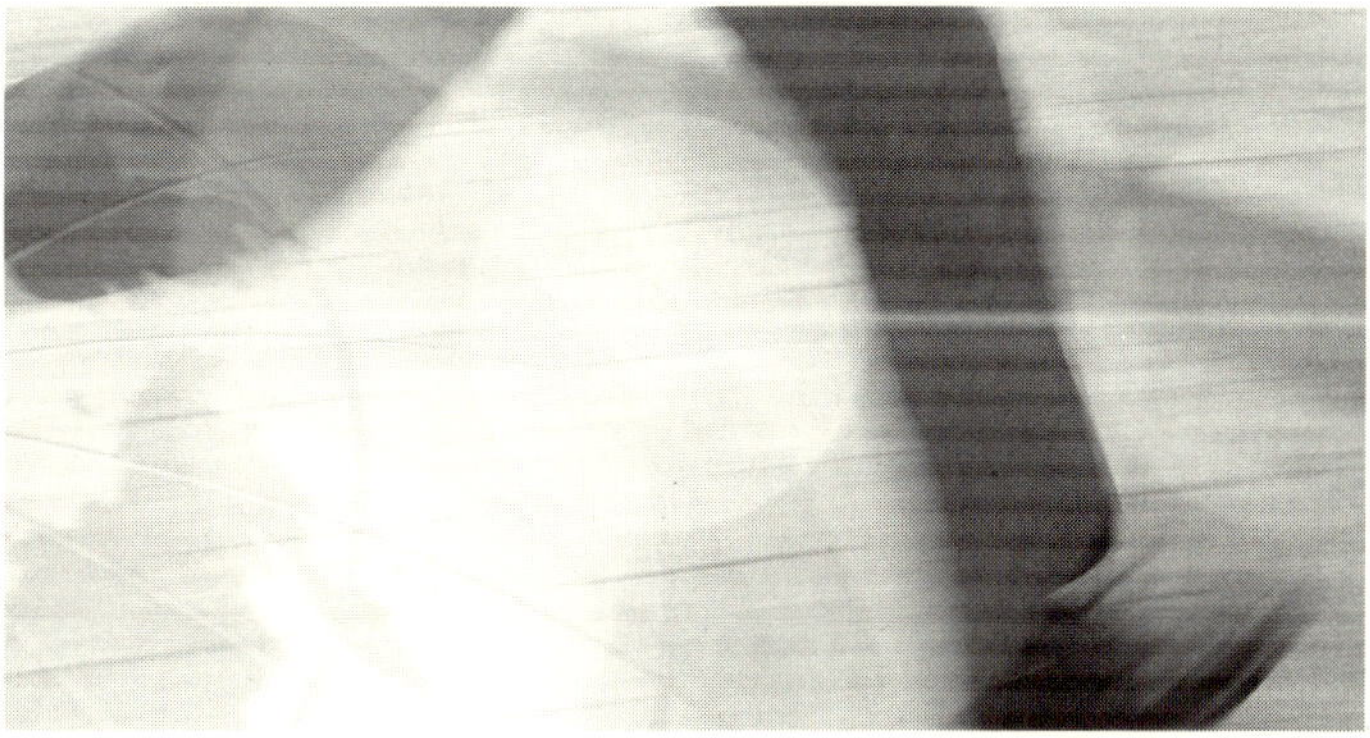

オリンピックを見たって、才能の差というのはどうしようもないわけで、足の遅い人はどう頑張っても、速い人に勝てないわけですよ。それは仕事だって同じことです。足の速い人と遅い人の間には、なにをしたって埋めようのない差異が歴然とある。それなのに会社が足の速い人を基準に成果を求めれば、遅い人は必死に頑張ってもついてこれず、ただ苦痛なだけです。かといって遅い人を基準にしたら、今度は足の速いヤツらがやる気をなくしちゃう。

結局足の速い人間だけで走るしかないんですよ、僕らのような仕事は。

もちろんトレーニングすれば、足の遅い人もそれなりに速く走れるようになるだろうし、なかには足の速いグループに入れる人だって出てくるかもしれません。しかしそれにしたって時間がかかるし、効率的じゃないでしょう。だったら最初から足の速い奴だけ集めればいい。僕の会社はそれができるんだから、そうしているだけです。

17

面倒くさいことはしない。

面倒くさいことはやめたほうがいいですよ。よけいなことばかりやっているから、時間がなくなるんです。サラリーマンってなぜかみなさん忙しいって言いますよね。たいして稼いでもいないくせに。

それで「効率的な時間の使い方」みたいな本が売れるんでしょうけど、そんなもの読むより、無駄なことや面倒くさいことをやめればいいんです。

よくプレゼンテーションのとき、資料を端から口で読んでいく人がいるでしょ。「アホか」と思いますよ。だってそんなの資料を読めばわかることじゃないですか。だからそういうとき僕は「読めばわかるから、資料に書いてないこと喋《しゃべ》ってください」ってはっきり言うことにしています。そうすると途端に言葉に詰まる人がなんと多いことかね。

最近はみんなパワーポイントできれいに資料をつくってくるけど、あれも意味ないですよ。そんなことしているから、時間がいくらあっても足らなくなるんです。僕は資料なんかつくりません。せいぜいメールで送信したものをプリントアウトして持っていくくらい。あとは僕が説明するんだから、それで十分なんです。だって喋ることをいちいち企画書にしていたら、僕がわざわざ行く意味がないじゃないですか。

メールもみんな時間をかけすぎています。「お世話になっています～」なんていりませんよ。世話なんかしてないし。だいたい僕は毎日五千通ものメールを処理しなきゃならないのに、いらないことを書かれてもイライラさせられるだけです。用件が一行でいい。タイピングも遅いくせにだらだら書くから時間がなくなるんです。

最大の無駄は年寄りの説教ですね。僕は旧世代の人と話をして役に立ったことはひとつもありません。あの人たちは長く生きているだけで、たいして情報持っていないんですよ。消費者に近い若い人と話したほうが、よっぽど得るものは多いし、楽しいですよ。

18

しがらみをつくらない。

やりたいことに意識を集中していれば、途中でモチベーションが下がるなんてことはありません。とても簡単なことなのにそれができないというのは、集中を妨げるしがらみみたいなものを、わざわざ自分から抱え込んでいるからじゃないですか。たとえば友だちとか家族とか。

友だちなんてそんなにたくさんいらないですよ。気が合う奴とだけたまに会えばいいじゃないですか。好きでもない人に寄ってこられても鬱陶《うっとう》しいだけだし、イエスマンみたいな人が周りにたくさんいたって気持ち悪いですよ。そんな人たちのために自分の貴重な時間を割くくらいなら、友だちなんていないほうがよっぽどすっきりしませんか。

家族との交流も僕はほとんどありません。別に仲が悪いということもないのですが、自分から電話をすることはないですね。ベンチャー企業だとよく自分の身内を役員にしたりするでしょ。僕のところはそういうのもいっさいありません。株だって持っていないだろうし。もしかしたら僕が知らないだけで、一般の人と同じように買っているかもしれませんけど、そこまでは関知しようがないですからね。

経済団体のようなものにももちろん入っていません。

あと余計なことにエネルギーを取られない秘訣といえば、常に正々堂々としていることでしょう。お客さんや取引先を騙すようなことをしないのはもちろん、なにかもめごとがあっても、裏でお金を渡すようなことは絶対やらない。時間がかかっても必ずフェアに解決するようにしています。だって裏でなんかしたりすれば、そこに弱みができちゃうし、なにかの拍子にその弱みを攻撃されたら、それを解決するのにまたいろいろやらなければならなくなるじゃないですか。そんな面倒くさいことしたくないですよ。

しがらみをつくらず、フェアでいれば、やりたいことに集中できるのに、なんでみなさんそうしないんですかね。

19

嫌いな人を外したほうがいい人脈ができる。

ビジネスに人脈は不可欠だという言い方に、僕も異論はありません。ただし人脈を広げようとして、好きでもない人たちと何度も会ったりして、そのたびに貴重な時間を使うのはどうなんでしょう。

少なくとも僕はやりません。だって嫌いな人と無理やりつきあっても、消耗するだけじゃないですか。仮に仕事上でメリットがありそうだとしても、そういう人とこれから先も不快な時間を共有しなければならないのなら、そんな仕事はやらないほうがいいいですよ。

人脈というのは力ずくでつくるものではなくて、やっぱり流れのなかで自然にできあがっていくものなのではないでしょうか。それにそういうものでなければ、本当に自分の役には立たないような気がします。

僕は友だちは少ないのですが、人脈にはたいへん恵まれていると思っています。たとえばプロ野球機構に参入の申し込みをした際、新球団のアドバイザーを演出家のテリー伊藤さんにお願いしました。彼など普通に仕事をしているだけでは、まず接点はないはずなのに、たまたま数少ない友人のひとりがテリーさんの事務所の人を知っていて、一緒に食事をした折に、じゃあウチのテリーと会ってくださいい、ああそうですか、はいはい、という感じで、とんとん拍子に話がまとまったというわけです。

つまりいい人脈というのは、人の流れのことなんです。いい人の周りにはやっぱりいい人が、自然と集まってくる。だからひとりいい人とつきあっていると、その人を起点にいい出会いが次々に起こってくるんじゃないでしょうか。逆にあまり好ましくない人のルートに入ってしまうと、その種の人たちがワッと寄ってきますから、それは気をつけたほうがいいですよ。

あとは自分より意識の階層が上の人とつきあいたければ、まず自分自身の意識のレベルを上げることですね。

20

寝たほうがいい。

よく僕のことを、寝る間も惜しんで働いていると思っている人がいるみたいですが、そんなことはありません。たっぷり寝ています。だって睡眠不足じゃ頭も働かないし、不快な状態で一日を過ごすのは楽しくないですよ。

人それぞれなんでしょうが、僕は睡眠時間を削るんだったら、仕事の密度を高めたほうがよっぽどいいと思います。別に特別な時間管理法もいりません。これはいつまでにやらなければいけないというふうに期限を決めて、片っ端からどんどん予定に押し込んでいけばいい、それだけです。押し込めば押し込むほど、時間の密度はそれこそ無限に高まりますし、なんとしてもこなさなければならないと思えば、自然と仕事も速くなります。仕事術の本を読むまでもないですよ。

そうやって仕事を短時間で処理してしまえば、あとはおいしいものを食べに行ったり、女の子と遊んだりもできるじゃないですか。

寝るときは寝る、休むときは休む。肩肘張らず自然体でいないと、いい仕事なんてできるわけありません。だから小さいころからサラリーマンにだけはなりたくなかったんです。サラリーマンって、我慢ばかりさせられているようなイメージがあるでしょ。満員電車とか、スーツを着なくちゃいけないとか、年取って偉くなるまで安い給料でこきつかわれるとか……居酒屋でお酒を飲んで愚痴を言い合うくらいなら、こんなのおかしいって言えばいいのに、なんでみんなそうしないんですかね。銀行のＡＴＭに並ぶとか、一回の出し入れで一年間の預金金利より高い手数料を取られたりすることにも、文句を言わないし。

いまはインターネットを使えば、わざわざ銀行に足を運んで並ばなくても、自宅のパソコンで振り込みができるんだから、そうやって無駄を省いて、あとは集中して働くようにすれば、寝る時間もないなんてことはないはずなんですけどね。我慢が好きなら別ですが。

21

稼いだら稼いだ分だけ使う。

若者にお金の使い方をアドバイスしてくれと言われたら、僕なら「ひたすら使え、使いまくれ」と言います。よく給料の三分の一は貯金しろなんてことを言う人がいますけど、たいして給料もらっていないのに、そんなセコセコしたことをやってもしょうがないですよ。

僕自身がそうでしたから。とにかくあるだけ使う。食事に行くのに財布の中身を確認して、今日はこれしかないから食べられるのはこれ、みたいな生活は絶対にしたくありませんでした。本当に食べたいものがあったら、お金を借りてでも食べるくらいでなきゃ、人生楽しめないじゃないですか。

ずっとそんな具合でしたから、とにかく意識して貯金したことがないんです。最初に会社をつくったときも、自分のお金はほとんどありませんでした。お金があるのはたまたま仕事が忙しくて使う暇がなかったときくらいで、そういうときも二百万円あるから車を買っちゃえと、すぐに使っていました。

昔からお金を使うのに迷いはありません。お金を使うことでどんどん生活が充実してくるんだし、なくなればまた稼げばいいと思っていましたから。それに借金があるくらいのほうが、レバレッジ効果で仕事もやる気が出るんですよ。

ただ、なぜ僕にそういうお金の使い方ができたのかといえば、それは若いころから自分で会社を経営していたからにほかなりません。だから僕のようにお金を使いたいのなら、サラリーマンなんか辞めてさっさと会社をつくってしまえばいいんじゃないですか。

いま僕は個人資産だけでも、モンゴルの国家予算に匹敵するくらいあります。ただし資産運用にはまるで興味がありません。運用して百倍にでもなるのなら別ですが、少しくらい増えたところで、もう嬉しくもなんともないですよ。

それに僕の資産はほとんどが自社株ですから、会社の価値を上げることが、いまの僕にとってはいちばん効率のいい資産運用なんです。

22

お金は使えば戻ってくる。

「あなたも億万長者になれる」といった類《たぐい》の本を読むと、「成功を強く念じる」とか「お金に好かれるよう徳を積む」なんてことが必ず書いてありますけど、なんなんですかね。あれってたぶん著者の人が、格好つけているだけだと思いますよ。だって「念じる」も「徳」も、お金や経済の本質と関係ないじゃないですか。それからもし「お金は大事に使いましょう」みたいなことが書いてあったら、それはお金持ちが書いた本じゃありませんから、そんな本買わないほうがいいですよ。

何度も言いますけど、お金がほしいなら余計なことを考えないで、元手がかからず利益率の高い商売をやればいいんです。それで入ってきたお金は、投資でも消費でもいいから、とにかく自分のところで止めず循環させてやる。お金というのは使った分だけ、ちゃんと戻ってくるようにできているんです。だから本当は思いや人徳じゃなくて、お金がお金を呼ぶと言わなければいけないはずなのに、なぜかそういうことをみなさんきちんと説明しないんですよ。

お金を「大事に使う」というのもそう。真の意味に言及すればそのとおりなんですけど、ほとんどの人は「大事」と言うと「チビチビ使う」と考えてしまう。チビチビ使えばチビチビしか入ってこないのは当たり前です。

それにしても日本人は、なんでみんなこんなに貯金が好きなんですかね。おそらく不景気で年金も当てにならないから、将来に備えていまから蓄えを増やしておきたいというのがその主な理由なのでしょうが、僕にはそれがどうも理解できません。別にいまと同じ生活をずっとしなければいけないわけじゃないんですから、貯金がなくたって、年金システムが崩壊したって、生きていくくらいならなんとかなりますよ。そんなに心配しなくても、腹が減って動けなくなれば、誰かしら助けてくれますって。

23

シニア世代からは知恵ではなくお金をもらう。

いま「貯蓄は美徳」なんて言っている人はアホですよ。それは日本がもっと貧しかった時代の生き方で、その世代を生きた人はそれしか知らないから、さももっともらしくそう言いますが、現代には役に立たないどころか、むしろ有害なアドバイスです。いくらお金を稼いでも、貯め込むだけじゃそこでお金の循環が途切れてしまって、ちっとも経済の発展につながりません。稼いだカネを景気よく使うからこそ、経済が活性化するのです。お金は稼いだら消費する、これは経済原則からいっても当たり前のことと言っていいでしょう。

ところが現在日本でいちばんお金を持っているシニア世代は、若いころにお金を使う訓練をしてこなかったから、思い切った消費もできなければ、投資感覚もありません。そういう人たちにお金を握らしておいても、はっきり言ってあまり意味がないのです。だから年寄りは若者に、貯蓄をしろなどという愚にもつかない説教をするのではなく、黙ってお金を貸せばいいと僕は思います。

どうせ銀行に預けておいたって、金利なんかゼロに等しいんですから、だったら若者に貸してください。若者のほうもある程度のキャッシュフローがあるのなら、借金を怖がってはいけません。お金を借りてうまいものを食べたり、女の子と遊んだり、旅行に行ったりとどんどん消費すべきです。それがすなわち知識や情報を増やして自分の価値を高める自己投資になるのだし、それにそういうことは若いうちにやらないとダメです。年をとってうまいものを食べようと思ったって、もうそんなに多くは食べられませんよ。

お金を持っているシニアは、若者の事業に積極的に投資する。それで若者がお金を増やしてくれれば、これこそまさにウィン・ウィンの関係じゃないですか。

社会もそういうふうに、年寄りから若者にお金を回すシステムを用意すれば、景気はすぐによくなります。まあいずれ僕がそういう会社をつくりますけどね。

24

リスクヘッジをしておけば圧力など怖くない。

ときどき僕の服装のことなどを注意してくれる人がいます。もちろん親切で言ってくれているのでしょうが、そういう人たちって上の世代の言うことは聞いておかないと、なにかとんでもないことが起こると思っているんですよ。

とんでもないことってなんですかね。たとえば銀行に睨《にら》まれて融資を引き上げられるなんていうのはそうかもしれません。でもライブドアは基本的に資金は市場から集めていますから、そういうことはできない、というかひとつの銀行が資金を引き上げても、痛くも痒《かゆ》くもないわけです。株主は十二万人以上いるんだし、現金資産だって五百億円もあるんですから。あるいはどこかの取引先がウチと取引をやめると言っても、そもそも一ヶ所で全売上の五パーセントを超えるような取引先はありません。そういうリスクヘッジはちゃんとやっているので、なにかしようにも圧力のかけようがないと思いますよ。

そうやって冷静に考えていくと、僕が自由に振る舞うことで、損をしたり不利益を被ったりすることを心配する必要ってなにもないんです。

それでも会社をつくってまだ日が浅かったころは、僕が自然体でいこうとすると、上の世代の人たちからいろいろ言われたりするもんだから、ひょっとしてこっちが違うのかななんて考えたこともありましたけど、いまは自分が正しいと思える道を来たから、ここまでこれたんだと確信しています。

とにかく「ここは年寄りにもいい顔しておこう」などとよけいなことを考え始めると、ものごとは複雑になるだけで少しもいいことはありません。年寄りなんて少し長く生きているだけで、怖いことなんてないのに、みんなビビりすぎなんですよ。

25

企業は安定株主になり得ない。

僕の資産の大半を占めるのはライブドアの株だから、株価が上がれば資産もどんどん増えるので万々歳ですが、だからといって意図的に株価を上げるなんて、そんな大それたことは考えていません。

株価というのはいろいろな要素が複雑に絡み合って決まるんです。たとえばいくら会社の業績がよくても、日経平均が下がれば連動して下がるし、為替レートにも影響されます。それはまさに神の手で決まるのであって、いくら僕でも神様には逆らえません。

株に関して僕が考えているのは、「どうすればもっと多くの人にライブドアの株を持っていただけるか」ということだけです。

昔は取引先や銀行に株を買ってもらう、いわゆる株の持ち合いをやることが、会社の安定につながると思われていたのでしょうが、いまだにそんなことをやっている経営者はアホです。だっていまは時価会計でしょ。会計期間内に株価が下がったら、企業は減損処理しなければならない、つまり下がった株をそのまま持っていたら大損しちゃうんです。それが嫌なら損が確定する前に、企業はその株を売らざるを得ない、結果として企業は安定株主になり得ないのです。

ところが個人なら、四半期ごとに利益を確定しなくてもいいわけです。それに短期の値動きに一喜一憂せず長く持っていれば、株価は必ず上がります。ただこれまでのように、株を手に入れるのに最低数十万円は必要だということになると、個人が気軽に買うのは難しいし、無理して買っても株価の変動が気になって落ち着きませんよね。そこでライブドアは株式を分割して、数百円で買えるようにしたんです。これなら子どもでもお小遣い感覚で買えるでしょ。

ただ誰でも買えるということは、買い占められる恐れもあるということですが、買収されるならされても一向にかまいません。そのお金ですぐ次の事業を始めればいいんです。十兆円ならいますぐにでも売りますよ。

26

キャッシュフローさえ見ていれば会社はつぶれない。

会社を立ち上げて利益を出すのに比べたら、プロ野球球団の経営は楽ですよ。だってすでにお客さんがいるんですから。

普通だったらまず市場を開拓して、お客さんを見つけてくるところから始めるじゃないですか。だいたい僕の手がけてきたインターネットなんていうのは、最初市場すらありませんでしたからね。そこに一から種を蒔《ま》いて育てるところから始めなければならなかった。

ところがプロ野球というのはどんなに不人気球団でも、試合をやってお客さんがゼロということはないわけですよ。相手チームのファンだっているわけですからね。

そうするとシーズンが始まる前から、ある程度売上というのは見えていますから、経費を下げれば絶対に利益は出るんです。たとえば七十回あるホームゲームに毎回三万人動員して、ひとり三千円使ってもらえば、それだけで六十億円を超えるキャッシュインが見込める。あとはキャッシュアウトをそれ以下に抑えれば、必ず黒字化するはずなんです。だから僕には近鉄バファローズという球団が、なんで毎年四十億円も赤字を出していたのか不思議でなりませんでした。

安定した収入があるのに経営がおかしくなるというのは、経費がかかりすぎているからでしょう。つまり経営者がキャッシュフローをちゃんと見ていないからそうなるんです。

キャッシュインからキャッシュアウトを引いたものをキャッシュフローといいます。そしてキャッシュインを増やし、キャッシュアウトを減らすという経営の基本をないがしろにしないかぎり、会社がつぶれることはありません。こんなことは経営者なら誰だって知っているはずですが、なぜかみなさん、お忘れになってしまうようで……たとえばドーム球場なんかつくれば、投資金額は大きいし、維持費は莫大だし、利益率は絶対下がるに決まっているのに、なんでわざわざそんなことをするのか、僕にはちょっとわかりません。

27

ファイナンスの知識がないと損をする。

日本はファイナンスの知識がない人が多すぎます。中小企業の経営者クラスでも、ファイナンスのことがわかっていない人がけっこういるんですよ。

個人もそうです。文化人といわれる人なんかも話してみると、ほとんどファイナンスがわからなくて、なんで会社の経営ができるんですかね。

ファイナンスがわかっていない。関心がないんです。もったいないですよね。せっかく才能があるんだから、せめて近くにファイナンスのことがわかる人でもいれば、もっと効率よくやれるのになっていつも思います。

ファイナンスがわかると時間を先取ったり、テコの原理（レバレッジ効果）を応用して資産を増やすことが、簡単にできるようになるんですよ。

たとえばローンというのは、まさに時間を先取っているわけです。一億円の値段が付いたものを買いたいのに、手元には現金が一千万円しかない。じゃあローンを組みましょうと。そうすればせっせと貯金して一億円できるまで待たなくても、必要なときその場で買うことができるじゃないですか。これはつまり「現金の代わりに信用でいいよね」というファイナンスの基礎をなす発想が、時間に縛られない商取引を可能にしたということです。

信用で商売ができるという部分をさらに拡張したのが、先物取引です。これはそれほど新しいことではなくて、すでに江戸時代の大坂米市場などで盛んに行われていたんですよ。米の収穫って天候などにかなり左右されるじゃないですか。だから収穫前に、あらかじめ「自分はこの金額でこれだけ買います」という権利を買っておく。それで不作だったら相場が高騰しているだろうから、安く買えて儲かるというわけです。もちろん豊作だったら損をすることになりますけど。まあこういうことですよ、ファイナンスという考え方は。

『桃太郎電鉄』（ハドソン）という、プレーヤーが日本全国を回り、物件を売ったり買ったりしながら資産を増やしていくというゲームソフトがあります。ファイナンス感覚を養いたい人はやってみたらどうでしょう。きっと勉強になると思いますよ。

28

額に汗するよりわらしべ長者を目指せ。

レバレッジの話を、株式市場に当てはめてみましょう。ＰＥＲ（株価収益率）という指標を見れば、その会社の株価が「一株当たりの利益」の何倍で買われているかがわかります。簡単に言うと、純利益を毎年一億円あげる会社があって、この先十年間はいまのペースで利益を出し続けるだろうと投資家が判断すると、その会社の株はＰＥＲ十倍で買われるわけです。ということは、もし毎年一億円の純利益をあげるあなたの会社のＰＥＲが十倍で、さらに会社には現金が五億円あって負債がゼロだとしたら、あなたの会社の価値は十五億円、つまり会社を売ったら十五億円のキャッシュインが見込めるという計算が成り立つことになります。

そうしたら会社を売って、その十五億円を元手に、ＰＥＲ二倍とか三倍の割安な会社を買う。実態に比べて株価が安い会社というのは、探せばいくらでもあります。帳簿上は黒字なのにキャッシュフローが回らなくて資金繰りに苦しんでいるとか、経営者が高齢で会社を手放したがっているとか、いろいろな理由でね。

それで年間五億円くらい利益をあげる会社を十五億円で買って、ＰＥＲ十倍にして売れば、それだけで最初の十五億円が五十億円になるじゃないですか。まさにわらしべ長者。ファイナンスってこういうことなんです。

僕のこういうやり方を、単なる錬金術だとか言って批判する人は、経済のなんたるかがわかっていないのでしょう。そもそも経済というのはゼロサムゲームなのであって、誰かが得をすればその分誰かが損失を被るのですから、得をするほうに回らなければ意味がありません。それではなにが勝ち負けを分けるのか。それは情報力の差です。利益というのを突き詰めれば、結局情報のアビトラージとファイナンスの組み合わせにすぎない、それが経済なんですよ。

29

人気が天井のものには手を出さない。

格闘技はやっぱりナマで見ると興奮しますね。もちろんネットのコンテンツとしても魅力的なのは間違いないし、地上波の視聴率の高さもそのことを裏付けています。ただし僕がこう言うとすぐに〝ライブドア、格闘技に進出か〟などとスポーツ新聞に書かれてしまいそうなので先に言っておきますけど、僕がビジネスとして新たに格闘技に関わる具体的な予定は、いまのところありません。

マネジメントの難しさとかもあるんですが、最大の理由はいまが人気のピークだと思うからです。株でもそうですが、天井で買った株は絶対に儲かりませんよね。だからもし僕が手を出すとしたら、落ち目になって誰も見向きもしなくなったときか、あるいは自分で一から育てようという気になったときのどちらかしかないでしょう。

僕はむしろ、ここまで格闘技が人気ソフトになったその秘密を分析して、それをこれからビジネスとして手がける競馬に生かしていこうと考えているんですよ。

たとえば格闘技の中継ではおなじみになった、選手のバックグラウンドを映像にまとめて試合前に流すというのを、競馬中継にも導入する。競馬ってただ馬が走るだけじゃなくて、実はその背景に壮大な血のドラマがあって、本当はそこがいちばんおもしろいんです。それなのにその大事な部分を、テレビも詳しく解説しないから、なかなか一般の人に伝わらず、そういうことを知っているマニアだけが楽しめるという構図になっちゃってる。だからレース前に出走馬のそういう情報を、ちゃんと映像で見せてあげればいいんです。北海道の小さな牧場で育った子馬が、いまこうしてＧＩの檜舞台に立った。ところがこの馬は、一番人気の馬と血の因縁があって、今日のレースでその決着がつく、みたいなドラマがあったら、初めての人だって楽しめるでしょ。

そうやってエンターテインメントの質を高めていけば、ファンの裾野も広がって、競馬はいま以上に大きなビジネスになりますよ。

30

世界を目指す。

日本はまだまだ意味のない規制が多すぎます。あるべきところには規制も必要なのでしょうが、あるべきじゃないところにまでやたらに規制があるというのは、いかがなものでしょうかね。なぜそうなっているのかといえば、理由は簡単、その規制によって利権を得ている旧世代層が、利権を手放そうとしないからです。みなさんおわかりだと思いますが、プロ野球がまさにそうだったでしょ。

なんだかくだらないですよね。

堀江さんが政治家になって、日本のシステムを一気に変えちゃったらどうですかと言われたこともありますが、僕にはその気はまったくありません。だってそんなことをやったら、自分の仕事ができなくなるじゃないですか。僕にはビジネスで世界一になるという目標があるんです。政治じゃ世界一になれないですから。

こう言うとすぐ、なんで世界一なんだと言う人がいるけど、そういう人には起業の経営者が世界一を目指すのになにか理由がいるんですかと聞き返したいくらいです。

ジャイアンツにいた松井選手が、ヤンキースに行ったのと同じですよ。おそらく彼にしても、日本のプロ野球界で一番になったところでなにが嬉しいんだって感じじゃないでしょうか。あるいはオリンピックに出るアスリートが、「自分は日本記録保持者なんだから、もうこれ以上苦しい練習をしてまで金メダルなんかほしくない」と言うと思いますか。日本を制したら、絶対次は世界のトップを目指す、それは理屈じゃないんです。

だから僕も日本なんて小さいマーケットで満足するつもりはさらさらありません。僕はもっとエキサイティングでしびれる人生を送りたいんです。仕事ってそういうことのためにやるものでしょ。

仮にそれでいま持っているものを全部失っても、しょせんゼロに戻るだけじゃないですか。

僕の考え

1

才能のある人に集中して投資する。

日本人は機会の平等というのを履き違えています。人間の能力って一人ひとり違うじゃないですか。理解力も違えば、習得スピードも違う。それなのに全員同じカリキュラムで教えたらどうなると思います。能力の低い人を引き上げるのに時間をかけているうちに、優秀な人はやる気をなくして、せっかくの能力も枯れちゃいますよ。

結局発想が、いまだに寺子屋なんです。国力が低かったころは、国民一様のボトムアップも必要だったかもしれませんが、これ以上ボトムアップしようと、能力の低い人にさらに一生懸命投資をしても、効率が悪いだけです。じゃあどうすればいいかといえば、義務教育では必要最低限のことだけ教えて、あとは有能な人に集中的に投資する、そういうことが可能なように教育制度を変えていくことです。僕は才能を見極める全国統一試験を、小学生にやらせるべきだと思います。

最近は一部の私立の中高一貫校に、飛び級制度があるところも出てきているようですが、その程度じゃダメ、緩すぎます。もっとドラスティックに改革しないと。たとえば東大受験の年齢制限を取り払う。そうすればきっと十二歳で東大に入る奴も出てきます。十二歳で東大生になったってなんの問題もないわけですからね。

そうやって能力のある人間がその能力をどんどん伸ばせる環境を社会が用意し、彼らに惜しみなく投資する。国として効率を考えると、これがいちばん高いはずなんです。だってできる奴とそうじゃない人って、平気で千倍くらい生産性で差がつくんですよ。

もちろん学力だけじゃなくスポーツや芸術も、才能のある人に集中して投資すればいい。レベルの低い人の水準を引き上げるのに予算や時間を費やして、天才がその資質を発揮できないとしたら、それは社会全体の損失です。

天才を育てて、一部の天才が社会全体を支える。本当に国全体のしあわせを考えるなら、社会のシステムをこういうふうに変更すべきだと思います。

2

日本に急激な成長をもたらした幻想は崩壊した。

人間は一人ひとり違うんだってことを、もうそろそろきちんとアナウンスしたほうがいいんじゃないでしょうか。

僕は年収一千万円くらいなら、やり方さえ間違えなければ誰だって稼げると思っていますけど、実際はいくら努力しても一千万円稼げないという人もいるわけで、そういう人は単に、お金を稼ぐ能力がないんでしょう。これはもう事実として認めたほうがいい。そのうえで金儲け以外の、自分の能力が発揮できる分野に生きがいを見出していけばいいじゃないですか。それを「俺だって一千万円稼いでやる」と頑張るから、苦しくなるんです。マイホームだって本来は、買えるだけのお金を稼げる人が買えばいい話なのに、あいつも買ったからじゃあ俺もとつまらない理由で、三十五年もローンを払い続けるような人生を、わざわざ自分から選んじゃっているんですよ。

まあこれは個人の責任だけではなくて、社会がそういうことを煽ってきたという背景もありますけどね。あえて個人の能力差には目をつぶり「自分の家を持つことが幸福のモデルなんだ」「文句を言わず会社の言うとおりにしていれば、いずれあなただって家が買える」といった幻想で、企業は社員を会社に縛り付けて懸命に働かせることに成功してきたのだし、サラリーマンがこぞって家を買えば、それだけGDPが上がるからと、国も一緒になってその幻想を支えてきたんです。

それで日本は急激に成長したのですから、ある意味優れた仕組みだったといえないこともないのですが、ただし通用したのはバブルまで。バランスシートを大きくすることしか頭になくて、その結果資産は増えたけど、その分負債も膨らんで立ち行かなくなったダイエーみたいなものですよ、いまの日本は。もう能力に関係なくサラリーマンをやっていれば、誰もが家を持てるなんて時代じゃないし、無理にそれを可能にしようとするから、補助金やらなにやらで国もおかしくなるんです。

人間には能力差があるし、能力によって結果が異なるのはむしろ当たり前でしょう。でもなにがしあわせかだって人それぞれなんですから、全員が同じライフスタイルで中流だなんて言っているほうがむしろおかしいと思いませんか。

3

エリート教育に弊害はない。

できる人間に資本を集中的に投資すると言うと、すぐそれを社会や経済の二極化に結び付けて、ヒステリックに反論する人が必ずいます。

いいじゃないですか、二極化で。

それは止めようと思っても止められない、歴史の必然だと僕は思っています。むしろ妙な悪平等意識が社会の隅々にまで浸透して、子どもたちまでみんなと同じでなければいけないという圧力にさらされている、そのほうがよっぽど問題ですよ。

だって明らかにできる子というのはいるわけで、そういう子は、おとなたちが守ったり、素質を伸ばそうと手を差し伸べてくれなければ、子どものコミュニティのなかで異端児扱いされて孤立し、不幸になるしかないんですから。

僕がまさにそうでした。小学校の試験はほとんど全部満点、しかも五分で終わっちゃうからあとは寝てる。そんな奴が集団のなかで、周りとうまくやっていけるわけないんですよ。

つまり、考えていることのレイヤーが違っていたんです。クラスの友だちの話すのを聞いたり、やっていることを見ていればわかるんですよ、「こいつらレベルが低すぎる」って。それでどうせ自分のことなんかわかってもらえないと思うから、積極的に関わらないようにしていると、消極的だと評価されちゃう。

この前僕の中学の先生がインタビューされているのを、たまたまテレビで見かけました。僕の印象を聞かれて「彼はどこか冷めた目で同級生を見ていました」って、答えていました。元教え子なのにもっと気の利いたこと言えないのかって、思わず突っ込みたくなりましたけど、先生の目にはそういうふうに映っていたのでしょうね。

運よく僕は這い上がれましたが、そういう環境でつぶれていった人もたくさんいると思います。もったいないですよね。別に能力のないことが人間的に劣っているわけじゃないんだから、全員を無理に低いレベルに合わせるんじゃなくて、優秀な人間は早期に選抜してエリート教育を施すべきです。それで将来格差がひらいたっていいじゃありませんか。みんなエリートに食べさせてもらえば。

4

Q 夢はなんですか。
A はぁ？

夢なんか聞かれても、普通答えられないでしょ。答えられます？

たとえば「私の夢は作家になることです」って言う人は、本気でそう思って言ってるんですかね。だって作家になんてすぐなれるじゃないですか。作家になったあとはどうするつもりなんだろう。おそらく深く考えているわけじゃないと思いますよ。

趣味だって、普段なにかやりながら、ああこれが自分の趣味だなんて考えたりしませんよね。

結局お約束なんですよ。「夢は」と聞かれたらみんなが共通に持っている夢のジャンルからひとつ選んで答える。趣味もそう。そうやってこの社会では、いろいろなも

のが規格化されているんです。
　工業製品だったら規格化したほうが効率がいいかもしれません。だけど人間を規格化したって、なんの意味もないですよ。夢はなに、趣味はこれってひとことで言えれば、インタビューの時間は短縮できるでしょうけど、人間の規格化のメリットって、せいぜいそんなものぐらいじゃないですか。
　たしかにそうやって共通のインターフェイスを持っていると、わかりあった気にはなりやすいですよね。でもそれでわかりあった気になっても、あまり意味ないと思いませんか。僕自身は別にわかりやすい人間になろうとも思わないし、わかってもらわなくてもいいですよ。別に全然困らないし。
　規格化されてそれでしあわせになれるんだったら、僕だってそうしますけど、あまりしあわせそうに見えないでしょ、お約束で生きている人たちって。

5

サラリーマンにはしあわせなイメージがひとつもない。

サラリーマンってしあわせなイメージがひとつもないんですよね。だいたい日本の会社って構造がネズミ講なんですよ。ピラミッドの頂点に近づけばいい目が見れるけど、底辺にいる間は死ぬほど働かされて搾取されまくる。それでもいままでは終身雇用や年功序列があったから、いずれ自分も上に行って楽ができると信じることができたわけです。でも会社も経済も永遠に拡大し続けることなんてあり得ないから、終身雇用や年功序列はいずれ破綻《はたん》する、そんなことはちょっと考えれば、誰だってわかりそうなもんなんですけどね。

とにかく日本の会社を支えてきたシステムは、とっくに限界にきています。それなのにまだ我慢して満員電車で通勤なんかしている人を、僕はまったく理解できません。辛いじゃないですか、あんな狭いところに押し込められて、知らない人にぴったりくっついて。不快なだけならまだしも、痴漢に間違われたりしたらたまらないですよ。

なんでみなさん我慢はしても、解放されようという努力はしないんですかね。サラリーマンを続けるにしても、せめてもっと会社の近くに住むとかすればいいのに、なんで通勤に一時間以上かかるようなところにローンで建売住宅なんか買うんですかね。なんだか僕には、わざわざ自分から望んで不幸になっているとしか思えないんですよ。

偉くなってしあわせになるためには、まずそういう理不尽な我慢をしなければならないとでも思っているんでしょうか。でもそんな苦労の果てに、六十歳過ぎて仮に社長になれたとしても、そのころはもう若いころの体力も気力も残っていませんから、きっと楽しくもなんともないですよ。

いずれ起業したいと考えるなら、わざわざ遠回りをせず、すぐに会社をつくればいいじゃないですか。そうすれば無駄な時間を使わなくてもすむし、満員電車で嫌な思いをしたり、アホな上司にこき使われることもありません。もっとも最初から給料を一千万円も二千万円もくれるというんだったら、会社勤めも悪くないかもしれないですけどね。

6
テレビとインターネットを融合させる。

ライブドアというのはなにをやっている会社なのかと聞かれれば、答えはひとつ、インターネット企業です。僕がこう言うと必ず、「よくわからない」とか「実体がない」とか言う人がいますが、そういう言葉を口に出して平気な人こそ、自分のことをヤバイと思ったほうがいいんじゃないでしょうか。いまインターネットの可能性にピンとこないようでは、これからの時代に、目の前の大きなビジネスチャンスをものにすることなんてできっこないですよ。

僕はこれからもインターネットを駆使して、ビジネスの枠をどんどん拡大していきます。興味があって儲かりそうなものにはどんどん手を付けていくつもりです。

そのひとつはメディア。具体的には近い将来テレビ局を持とうと考えています。テレビはいまメディアの中心にいますが、いまのままでは早晩その地位をインターネットに譲ることになるでしょう。ワンウェイのテレビよりインタラクティブのインターネットのほうがおもしろいに決まっているからです。

テレビとインターネットの融合というのを、テレビ局自身がやればいいわけですが、認可事業というところにずっとあぐらをかいてきたいまのテレビ局に、ドラスティックな改革を期待するほうが無理というものでしょう。

だったら僕がやってしまおうというわけです。まずはテレビがまだかろうじてナンバーワンメディアであるうちに、視聴者をインターネットのポータルサイトに誘導するために活用したいと思っています。

それからテレビ番組はコンテンツとしての価値は高いですし、コンテンツ制作の技術やノウハウも魅力的なので、これらもインターネットで生かせばいいんですよ。

ちなみにいまテレビ局がやっている地上派デジタル、あれは意味ないですからさっさとやめたほうがいいですよ。デジタル放送でいろいろ実験的に番組をつくっていますけど、見ていてもつまらないですからね。

7

あと十年でお札はなくなる。

テレビのほかに、これから僕が乗り出して儲けようと思っているのが、銀行。いままでライブドアは、資金調達をほとんど市場からの直接金融でまかなってきましたが、グループ内に銀行を持つことで、間接金融も手中にできる、つまり金融に関する車の両輪を手に入れてしまおうというわけです。

商売の歴史を見ると、最初は物々交換だったのが、売ったり買ったりするものをいちいち市場まで運ぶのは不便なので、そうしなくてもすむようやがて貨幣が生まれたわけです。そのうち九世紀のイスラムで手形が発明されると、その貨幣すらなくても商売ができるようになりましたが、それでもお金の価値はまだ、金や銀が担保していました。

ところが一九七一年にニクソン・ショックでドルの金本位制が崩れると、以後お金の価値を担保するのは人々の信用以外ありません。つまりいまのお金には、実体なんかないんです。実際銀行や企業の間をお金が動いたとしても、それはただ帳簿上を数字が行ったり来たりしているだけで、そこには紙幣やコインという姿かたちを伴ったお金など、すでに存在しないじゃないですか。

　このように金融というのはすでにバーチャルの世界になっているのに、銀行はいまだに駅前に支店を構えたくさん人を配置し、利用者をＡＴＭの前に並ばせるようなことをやっています。

　そんなものインターネットでやればいいんです。そうすればお金の出し入れは全部自宅のパソコンや携帯電話でできるし、二十年以上前につくられたＡＴＭのシステムも使わずにすんで、バカ高い手数料からも解放されます。窓口業務もネットでできますから、いちいち支店を開設し人を配置しなくてもすみます。

　いまはコンビニの支払いだって携帯電話でできるようになりました。おそらくあと十年もすれば紙幣やコインもこの世からなくなりますよ。そうなったら金融は完全に情報のやりとりだけ。まさに僕たちの得意分野じゃないですか。

※二〇〇五年一月、ライブドアと山口県の西京銀行は、共同出資してネット専業銀行を設立すると発表した。

8

お笑いは究極のビジネスモデル。

お笑いがブームです。テレビのゴールデンタイムもバラエティ番組が中心だし、僕も呼ばれてたまにゲストで出たりしますけど、僕自身もお笑いは大好きなんですよ。

日本にはまだまだ笑いが足りないと思う僕は、これから自分でお笑いを仕掛けていこうかなと、いま本気で考えているところです。いえいえ、別に僕がコメディアンになろうというんじゃないですよ。僕はあくまで仕掛け人。もっと言えばビジネスモデルとしてのお笑いに興味があるんです。

お笑いって、うまくやれば絶対儲かるはずなんですよ。まず元手がかからず利益率が高いという、商売が成功する原則にそっくりそのまま当てはまるじゃないですか。早い話がまだ売れていない芸人をプロデュースして、ひとつでもネタがヒットすればいい。あとはそのネタでしばらくやっていけるんですから、楽なもんです。

それからお笑いライブやコンクールを主催するというのもありますが、これだってその模様をネットで配信すると同時に、ＤＶＤ化して販売すれば、確実に収益があがります。

さらに、お笑いをやりたいという人がたくさんいるという現状こそが、大きなビジネスチャンスになる。つまりそういう人たちというのは、お金を払ってでもプロになりたいわけですから、ちゃんとした育成機関をつくればいいんです。実際に吉本興業がつくっている吉本総合芸能学院（ＮＳＣ）という学校があって、「見る人だけじゃなく演じるほうからもお金を取る」という画期的なビジネスホテルになっています。しかもお金を払ってまでお笑いのプロになりたいというんだから、そういう人たちというのはすでに学校の人気者だったり、お笑いのセンスがあるはずでしょ。ということはそこから将来たくさん稼げる売れっ子芸人が生まれる確率は高いということじゃありませんか。

次のお笑いブームを仕掛けるのは、きっとライブドアだと思いますよ。

9

カメラの前で演技をしない。

僕は自分のことを会社の広告塔だと思っていますから、お話があったマスメディアには積極的に出るようにしています。別にメディアを選ぶようなことはしていません。強いて言えば露出のより高いものを優先しているくらいでしょう。

メディアのなかで自分がどう扱われるかは、はっきり言ってどうでもいいことです。なかには僕の発言を捻《ね》じ曲げたり、明らかに悪意の感じられる場合もありますが、マスコミというのはそういうものだと思えば、別に腹も立ちません。

それに世間からこういうふうに見られたいという願望も、僕にはまったくありません。もし「自分はこう見られたい」と、カメラの前にそういう繕った姿を一度でもさらせば、それからずっとそういう顔をしていなければならなくなるじゃないですか。そんなの僕には耐えられない。

役者さんだったらそれこそイメージづくりのために、トイレに入るところは他人に絶対見せないという人もいるみたいですが、そういうのってものすごくつらく厳しい人生でしょ。お金を持っているのになんでそんな生活しなきゃならないんだって思いますよ。だいたいいまは情報化社会なんですから、どこで誰に見られているかわからないし、いくら僕に友だちが少ないからって、誰にも会わないで生活するわけにもいかないでしょう。そうすると嘘ついて自分を飾ってもすぐにばれるだろうし、ばれたときが嫌じゃないですか。

会社の顧客や株主は増えてほしいと思いますが、僕自身が人気者になりたいとか、たくさんのファンに囲まれたいなんていう気持ちは、まったくありません。プライベートだって好きな人には好かれたいですけど、好きでもない人に好かれても、なんていうか、うざいんですよ。

僕はいま「社長日記」というブログを書いていますが、あれは本当に僕の書いたまんまですから、もし僕のことを知りたければ、あそこにアクセスしてもらうのがいちばん早いし正確です。

10

収入が減っても不安に思う必要はない。

「先行きが不安だ」と口では言いながら、将来のことを本気で心配している人なんてそんなにいないんじゃないですか。ほとんどの人はなんとなくその日その日を過ごしているだけで、本当の意味での危機感なんて持っていませんよ。不安といってもせいぜい所得が減って、いまより生活レベルが下がったら嫌だってことくらいでしょ、考えているのは。

いいじゃないですか、収入が減ったら生活レベルを下げれば。どうせ不満といっても、いままでは車検のたびに新車に買い換えていたのが、できなくなるくらいのことなんでしょうから。そんなの同じ車に長く乗ればいいだけの話です。だいたい日本の車は優秀だから、大事にしていれば十年以上乗れますよ。それなのにお金があるからと、短い期間で新車に乗り換える人の気持ちが僕にはよくわかりません。新しい車にしたら、また機能を一から覚えたり、慣らし運転をしたり、面倒くさくないんですかね。

家だってローンの支払いに四苦八苦するくらいなら、売っちゃって賃貸に住めばいいのに、なんでみなさんそれが嫌なんですか。

生活レベルというのは結局比較にすぎないんです。いまの生活との比較、あるいは隣の家との比較。でも考えてみてください、みんなと同じことがしあわせなんて誰が決めたんですか。いまやっていることのいくつかができなくなったところで、なにが不自由なんですか。

結局のところ安心や不安、満足、不満足なんていうのは、その人しだいなんですよ。収入が減ったら減ったなりの暮らしをして、そこに満足を見つければいいだけのことで、それこそバブルのころに下駄をはかされた生活に、いつまでもこだわる必要なんてないんです。

どうしても生活レベルにこだわりたいのなら、貯金を持ってタイにでも移住すればいいじゃないですか。それでしあわせになれる人はそうしてください。

11

お金があればしあわせになれるわけではない。

みなさんお金をどうやって稼ぐかには、かなり関心があるみたいですけど、もう少し使うほうにも目を向けたほうがいいんじゃないでしょうか。使い方を間違えている人って、けっこういると思いますよ。お金が足りないと言いながら、無駄使いを平気でしていたりね。

同時に、自分にはいったいどれだけのお金が必要なのかもよく考えたほうがいい。

僕の資産が五百億円だと言うと、それだけあったら働かないでも、一生遊んで暮らせるんじゃないかと言われたりしますが、そうじゃないんです。僕は事業をやりたいのであって、しかもそれには莫大な金額がかかる、だから毎日死に物狂いで働いているんです。贅沢をしたり楽をしたいために稼いでいるわけじゃありません。だいたい仕事もせず、うまいものを食べたり女の子と遊んでいるだけじゃ、僕は満足できないんですよ。

ただベンチャー企業の経営者なんかには、ＩＰＯ（株式公開）とかである程度まとまったお金が手に入ると、そこで満足しちゃう人もいるみたいですね。そういう人はすぐに、ヨットを買ったり別荘を持ったりしますけど、それはそれでいいと思います。だってそういう人たちって、そういうことがしたくて働いて稼いできたんですから。

要するに、夢や人生の目標って人それぞれ違うのだから、それに応じて必要な金額も変わってくるということです。僕のようにお金を稼いで、それを事業に再投資してというようなことに興味のない人が、何十億、何百億と資産を持っても、意味なんかないんですよ。ブランド物のバッグを買うとか、たまに家族で食事をするとか、そういうもので満足感を得られるのなら、それが可能なだけのお金があればいいわけでしょ。

お金って、たくさんあればあるほど幸福になれるというものではないということは、覚えておいたほうがいいかもしれませんね。

12

金持ちに重税を課すな。

いまの年金システムって、単なるネズミ講でしかありませんから、なんだかんだ言ってても財政のフロー部分から原資を持ってこないと、早晩回らなくなります。年金に関しては消費税を上げて、その分を原資に充てるのがいちばんいいんじゃないかと思うのですが。

なぜ消費税かといったら、そこがいちばん取りやすいからです。それに消費税を何パーセントか上げたところで、そのときはマスコミも騒ぐでしょうけど、どうせみんなすぐ忘れちゃいますよ。だって百円だった缶ジュースがいつの間にか百二十円になっていても、誰も騒いだり気にしたりしていないでしょ。百円ショップの商品が百円じゃ買えなくなっていたって、まあいいかって感じじゃないですか。だから消費税をもっと上げても、けっこう平気だと思いますよ。実際ヨーロッパなんてＶＡＴ（付加価値税）が二〇パーセントくらいかかるんですから、日本の消費税だってそれくらいまで引き上げるのは、全然無理なことじゃないはずです。

逆に累進税率を引き上げるなどして、財政の足りない分は金持ちから取ればいいという発想はやめてほしいし、はっきり言って間違いだと思います。だっていまでも僕は所得税やら住民税やらで、給料の半分が税金に持っていかれているんですよ。こんなに取られたら僕だって痛いし、働く意欲だって萎《な》えます。もしこれ以上税金を払えというのなら、そのときは迷わず海外に移住するでしょう。

つまり金持ちから必要以上に取ろうとした途端、金持ちはこの国から逃げちゃうということです。お金がない人は国を捨てたら難民になるしかありませんが、お金があれば逃げられるんですよ、全世界どこへだって、合法的に。そうなったら税金は取れないし、国は活力を失って、いいことなんてひとつもありません。

そういうこともわからない政治家が、ただ目先の選挙のためだけに、「消費税には手をつけず金持ちからもっと税金を取れ」と言うのでしょうけど、そういう人には「国家百年の大計を考えてシステムをつくれ」と言いたいですね。

13

少子高齢化問題はこれで解決する。

二〇〇六年から日本の人口が減り始めるってみんな大騒ぎしていますけど、そんなに深刻な問題なんですか。人口が減って困るなら、増やせばいいじゃないですか。簡単ですよ、移民をどんどん受け入れればいいんです。いまだって日本に住みたいという人は、世界中にたくさんいるのに、政府が受け入れに消極的というか、めちゃくちゃ審査が厳しくて入ってこれないわけで、そんな規制なんかやめて、フリーパスで誰でも住めるようにすれば、少子高齢化問題なんてあっという間に解決ですよ。

日本のような狭い国が移民を認めたら、すぐに人で溢れてしまうと言う人もいますが、土地なんかいくらでもありますって。北海道なんてガラガラじゃないですか。

僕はいまの人口と同数の移民を受け入れてもいいと思っています。そうすれば単純にマーケットは二倍になるでしょ。経済規模が拡大するだけじゃなく、意外なところにビジネスチャンスだって生まれますよ。たとえば日本で暮らすなら、どうしても言葉を覚えなければなりませんから、そうすると日本語教育のようなビジネスが繁盛するとかね。

また旧来の日本人や日本企業はもともと言葉の障害がない分、商売で優位に立てます。

それからアメリカを見てもわかるように、移民は最初にハウスメイドやベビーシッターといった職に就くでしょうから、その部分が充実すれば職業を持つ女性も安心して子どもを生み、育てられるようになります。そうなったら出生率自体が上がると思いますよ。

それに正規の手続きを踏んで日本国民になった人からは、税金だってちゃんと取れて、国の財政も潤う。もう言うことなしです。

日本人が移民の流入を阻止したいのは、多分に心情的な抵抗が大きいからなのでしょうが、僕はむしろこの国はもっと多様化したほうがいいと思います。新大久保の韓国焼肉屋街みたいな場所が国内各地にあれば、わざわざ外国まで食べに行かなくてもすみますからね。

14

新聞や書籍はなくならないでしょう。

ＩＴの進化によって未来がどのように変わっていくか、僕にもよくわかりません。ただオフィスから紙がなくなるとか、新聞がすべてオンライン配信になるとか、サラリーマンは在宅勤務になるとか、そういう巷《ちまた》で言われているような極端な変化はないんじゃないですか。

まず書籍はなくならないでしょう。ネットで読むより、いまのように紙に印刷してあるほうが便利なケースって絶対ありますからね。新聞も速報性だけならネットに分があるものの、そこにはリーク情報や広告メディアとしての価値もあるわけで、そういうものがすべてネットに置き換えられないかぎり、なくなりはしないでしょうね。

会社だってテレビ電話なんかより、直接集まって会議をしたほうがやりやすいんですから、いまの形態は当分変わらないと思います。

ＩＴにかぎらず技術が進歩していくと、世の中から無駄なものがなくなっていくよ

うなイメージを持つ人が多いみたいですが、それは違うと思います。スポーツ新聞のような一見「これは社会のなんの役に立っているんだ」と思えるようなものだって、ある人にとっては最大の娯楽になっているのかもしれないじゃないですか。企業の経営だったら、無駄は極力省いていかなければなりませんが、普段暮らしていてなにが無駄かなんて、そう簡単にわかりませんよ。それに社会や人生においては、無駄と思えるようなものがおもしろかったり、そういうところにビジネスのネタが転がっていたりしますから、目くじら立てて世の中から無駄を排除しようなどと考えないほうがいいと僕は思います。

僕は社会をスッキリさせることにあまり興味はありませんし、無駄だろうがなんだろうが、自分に実害がないかぎりはあったって別にいいですよ。むしろそういうものをなくそうと頑張ることのほうが、なんだか面倒くさくて嫌ですね。

15

もっとエンゲル係数を上げたほうがいい。

ブログで書いている「社長日記」を読んでもらえば一目瞭然なんですけど、今日はどこでなにを食べて味はどうだったとか、こんな食材が手に入ったとか、そういう「食」に関する情報に、僕は毎回かなりのスペースを割いています。

つまり食べるということは、それだけ僕にとって重要な行為なんです。だから僕はおいしいものを食べることには、お金を惜しみません。いまほどお金がなかった時代も、僕はずっとこのポリシーを貫いてきました。

ところが周囲を見回すと、僕のような考え方をする人って本当に少ないんですよ。若くてきれいな女性でも、食事はファーストフードやコンビニのお弁当が中心だったりしますからね。

それなのに服やバッグは高価なブランド品だったりする。いったいこれってどういうことなんでしょう。

おそらく彼女たちは、「食事なんて食べればなくなってしまうんだから、そんなものにお金をかけてももったいない。それより誰にでもアピールできて、ずっと残るブランド品を買ったほうがいいに決まってる」という考え方を無意識のうちに信じ込んでしまっているんです。

僕に言わせれば、それは明らかにお金の使い方を間違えています。いくらブランド品で着飾っても、それでその人の人生が豊かになったり、魅力が増すなんてことが、あるわけないじゃないですか。

食事というのはからだの健康だけではなく、その人の心のあり方にも深く結びついているんです。食生活が貧しいと、心にまで栄養が行き渡らないから、そういう人は話の中身まで痩せている感じがするし、逆に食生活が充実している人と一緒にいると、こっちまでとても豊かな気分になれる。そういう経験ってありませんか。

みなさん、もっと「食」にお金をかけてください。みんなエンゲル係数が低すぎるからしあわせになれないんですよ。

●特別対談

堀江貴文 × 浅草キッド

テレビで日本版『ジ・アプレンティス』一緒にやりましょう!!

堀江社長の決めポーズ決定!?（P 118）

浅草キッド

水道橋博士　1962年、岡山県生まれ。
玉袋筋太郎　1967年、東京都生まれ。

ふたりは1986年にビートたけしに弟子入りし、1987年に漫才コンビを結成。以後、自らが出演する番組で、城南電機の宮路社長、トキノ（現ソノコ）の鈴木その子社長など、数々の「社長」をスターに仕立て上げてきた。社長に絡ませれば当代一の冴えを見せる浅草キッドと、「ビジネスとしてお笑いに興味がある」という堀江社長との特別対談をお送りする。

球団買収は僕のなかでは「小ネタ」

水道橋博士（以下、博士） 今日は、よろしくお願いします！ 堀江社長がこんなに有名になる前から、実は俺たち、知り合いなんですよ。

玉袋筋太郎（以下、玉袋） 初めて会ったのが二〇〇三年の四月だよね。俺たちが司会をやっていた、テレビ朝日の社長バラエティ、『ド・ナイト』に出てもらってね。

博士 そのときはまだ、いまほど世間に知られていなくて、スタッフから聞いていたのはIT業界の風雲児で、まだ三十歳って若さで……。

玉袋 あとはスタッフから聞いた話で、非常に生意気だと。

堀江 生意気でしたか（笑）。

博士 でも、インタビューしながら、ああ、この人は誤解されるだろうなって思いましたよ。話の内容も、「ヤンキースだって売ってくれるんだったら買います！」とか、「宇宙旅行を事業化したい！」とか、とにかくデカいこと吹いていたもん。ちなみに、そのときの俺のインタビューが、堀江社長が近鉄買収を表明した当日の『報道ステーション』（テレビ朝日）で使われたんだけど。ところが隣で話を聞いているはずの俺の映像は一切出てこない。全部カット、しかもトリミングまでされて、映らないようにしていた（笑）。

玉袋 そこまでお笑いを差別するのか！

堀江 そういうことじゃないと思いますよ（笑）。

博士 まあ、それだけ社長に関する映像が少なかったんでしょう。いまはこれだけテレビに出まくっていますけどね（笑）。話を戻すと、二〇〇四年の六月三十日ですよ。堀江社長が記者会見を開いて近鉄バファローズ買収を表明したのは。それでマスコミ中が、堀江ってのは何者なんだって話になって、『報道ステーション』で使われたのが、さっき言った俺のインタビュー。次の日、東京スポーツで、堀江社長についてコメントしてた大阪プロレスのスペル・デルフィン社長も、その前に俺が堀江社長に紹介したんだよ。あとは、さとう珠緒が記者会見で「私、堀江社長とお見合いして、振られたんです」って言ってたけど、あれだって俺が司会の企画でやったやつでしょ。裏の仕掛け人は全部、俺なのに、ニュースに俺の名前は一切出てこない（笑）。なんだか俺が、逆オレオレ詐欺に騙されたみたいで（笑）。

玉袋　社長！　なんで我々を芸能界の窓口にしてくれないんですか（笑）。

博士　でもこうやって振り返ってみると、最初に番組で会って、「僕ならヤンキースは買えます」って話になったとき、近鉄の話もしてましたよね。

堀江　覚えてますよ。というかそのころすでに交渉していましたからね。

玉袋　えっ、じゃあ、あのころ、水面下で交渉してたんだ。

堀江　ただ、その時点では近鉄じゃなくてダイエーとの話だったんですけど。

博士　へー。社長の『プロ野球買います！』（あ・うん）って本にもあるけど、でも、考えてみれば、球団を買うなんて話、俺たちの時代の漫画で言えば、水島新司先生の『野球狂の詩』（講談社）に出てくる、**「メッツ買います」**ですよ。でも、現実に三十代でプロ野球チー

▼**「メッツ買います」**
『野球狂の詩』
東京メッツが弱いのはオーナーの責任だと業を煮やしたひとりの老人が、わずか二百万円でメッツを買うと宣言。その心意気に打たれたメッツ首脳陣が、彼に一日だけオーナーを任せるという話。最後に老人は『好球必打』と書かれた息子の形見のボールを置いて去っていった。

ムを買おうという人が現われる、そういう時代になったんだよな。どうですか、近鉄買収が具体的になっていきつつある過程で、これは世の中びっくりするだろうなっていう予感はあったんですか。

堀江　いや、それはなかったですね。

博士　そうすると、むしろ（発表した）あとの騒動のほうが予想外だった。

堀江　そうですね。だって、ネタ的に言えば小ネタじゃないですか。僕のなかでは小ネタですよ。

玉袋　小ネタ！　球団のオーナーになることが？

博士　ひぇ〜。近鉄ですよ。でも、ほかにも、いろいろ企業買収とかやってるから、そういうものに比べたら近鉄バファローズが特別じゃないって感じなのかなぁ。

堀江　そうですねぇ……。

博士　でもこんなに世間が騒いで、プロ野球ってこんなにもアナウンス効果があるのかって驚いたでしょ。

堀江　まあアナウンス効果があるとは思っていましたが。ウチのあとに出てきた楽天やソフトバンクもそうですけど、ああいうふうに毎日連呼されるわけですからね。プロ野球チームを所有することで、ライブドアの知名度を上げるというのは当然考えていましたよ。それは、オリックスって以前はオリエント・リースという社名だったのを、球団を買った直後にオリックスという社名に変更したんですけど、〝オリックスレンタリース〟くらいしか一般の人は知らなかったんじゃない。それがプロ野球に進出したおかげで知名度が上がり、いまじゃオリックスって言うだけで知らない人はいないくらい超メジャー企業になった。ある意味非常にうまくやったと思います。それで僕も球団買収の話が来たとき、一年、二年と経営していけばそのうちライブドアという名前も徐々に浸透していくなという計算はありましたよ。

博士　一、二年でという予定が、手を挙げた途端に有名になってしまった。

堀江　だから僕の考え方は間違っていなかったんですよ。ただ人気の出方がちょっと意外でした。プロ野球の価値はこれくらいだと思っていたら、その数十倍あった。そこまで僕も読めなかったということです。

博士　渡邉恒雄元読売ジャイアンツオーナーに代表される、「悪役の老人対三十歳の若者」という構図も、マスコミ的には飛びつきやすかったと思いますよ。

堀江　対決の構図というのは、マスコミに取り上げられやすいというのはよくわかりました。

博士　でも、見た目も、その対立を顕著にしましたよ。僕らだって今日みたいに、ライブドアの本社で社長にインタビューだというと、こうやってめったに着ないスーツで来るわけですが……。

玉袋　今日も、堀江社長は相変わらずTシャツ姿。

堀江　だって僕はいつもこうじゃないですか（笑）。

博士　その変わらないところ。決してよそ行きの格好をしない自然体の姿が、旧世代と対立するひとつの記号となるわけですよ。途中から、悔い改めて、スーツになったりしなかったところが、逆に、ああ、マスコミの喜ぶわかりやすい記号をつくってくれているなって、俺なんかいつもそう思って見てた。

堀江　相手の気に入るような格好をするなんて、なんだか気持ち悪いじゃないですか。あざとすぎて僕にはできないですよ。

博士　でも、いろいろ言われたでしょ。TPOをわきまえないとか。

玉袋　少しは、路線変更しようかと迷ったでしょ。

堀江　いえ、全然。そういうのを考えることが面倒くさいんです（笑）。

博士　でも、その普段着の姿が定着して、まさかベストジーニスト賞に輝くとは、誰も思っていなかったでしょ（笑）。

堀江　あれは、いろいろあるんですよ。

博士　皮肉じゃなく、ああいう席でも照れないで出て行くところはすごい（笑）。

堀江社長の「決めゼリフ」を考えよう

博士　俺が社長とバラエティ番組を一緒にやった感想を言うと、演出側の意図を汲んで、ほとんど丸投げのままやってくれましたよね。どこかのオーナーのように、〝たかがお笑い〟みたいな蔑視した態度は絶対にとらない。実際、さとう珠緒と見合いをするっていう企画で、堀江社長を〝一兆円男〟ってキャラ立ちさせて、紹介したんですよ。ちょうどライブドアの株価が十五日間連続ストップ高で、個人資産が九千四百億円だったもんだから。でも普通それで〝一兆円男〟ってやったら、「いや、それは勘弁してください」となるんだけど、この人は平気でしたからね。

玉袋　普通の経営者なら嫌がるでしょう。しかも、あのとき、イケイケ光線のさとう珠緒とベッドインまでやってんだから。

博士　そう。ワルノリだとしても、ああいうときって、委《ゆだ》ねてくれるんですよ、堀江社長。そこは偉い！

堀江　委ねるというか、体験してみたいじゃないですか、お笑いの世界がどうなっているのかって。僕はお笑いビジネスに、いま、興味があるんです。

玉袋　おお！　来た！（笑）

堀江　お笑いっていまブームですけど、飽和度からいったらまだまだ足りないし、いろいろなところを改善すれば、もっとおもしろくなる余地は十分あると思うんです。

博士　そこでですね、社長、企業買収には、いい案件があるんですよ。「オフィス北野」っていうんですけど（笑）。

玉袋　けっこう大物いますよ（笑）。

堀江　いい話ですね。さっそく検討します（笑）。

博士　お笑いはビジネスとして、どこがおいしいんですか。

堀江　お笑いには儲かるビジネスの法則がそのまま当てはまるんですよ。元手がかからず、利益率が高いという。

博士　そういえば、「脱サラしてラーメン屋やっても儲からない」って、この本にも書いてありますもんね。

堀江　外食産業って利益率は高いんですよ。とくに麺類なんて元が粉ですから、粗利はめちゃくちゃ出ます。だから常にお客さんが入っていればボロ儲けです。ただし水商売って言われるように、外食産業はお客さんの変動幅が恐ろし

く大きいから、なかなか安定しない。不安定の割りに出店コストだけは確実にかかるから、ビジネスモデルとしてはあまり勧められないというわけです。

博士 そういう意味では、たしかにお笑いに元手はかからない。

玉袋 せいぜいサラ金でつまめばすむくらいだし（笑）。

堀江 それでいて売れれば利益率は高い。

博士 言われてみれば、この本にある堀江社長の「儲け方」って、全部お笑いに当てはまるんだよな。大学なんて行くな。学校では基礎的なことだけ身につけろ。雑巾がけのような下積みは必要ない……。

玉袋 言ってることは、お笑い学校で教えるノウハウと一緒だよ。

博士 いまや、若手お笑いブームで、この世界はゴールドラッシュですよ。

玉袋 しかも俺たちなんか、お笑いブームの恩恵をなにも受けてないけど、もう20年近く食えてるもん。

博士 でも、俺たち、芸人なのに人気タレントと全然、共演してないのに、いまじゃあテレビで、いつも格闘家と政治家と社長としか絡んでない（笑）、稀有《けう》なお笑い芸人ですよ。逆に言えば、専門職というか、俺たちと競合しているタレントもいないから、それだけ、お笑いに、隙間、ニッチなポジションがあるんですよ。

玉袋　いっそ王道で、社長がM－1グランプリを超える賞金を出したら？

堀江　なるほど（笑）。でも、お笑いって、とにかく一回有名になっちゃえばいいわけでしょ。

玉袋　テツandトモだって一発屋かもしれないけど「なんでだろう」で一生いけるだろうからな。**青空球児・好児**だってさ「ゲロゲーロ」だけで、食ってるから。

博士　そういう意味では堀江社長も、ガッツ（石松）さんの「OK牧場！」みたいに、テレビ用の決めゼリフをひとつつくっておいたほうがいいですよ。いつもボソボソッと喋って、引き際がスーッとフェードアウトするでしょう。もっとメリハリつけたほうがいいですよ。

玉袋　あったほうがいいな。たけしさんの「コマネチ！」みたいな格好して「ホリエモンッ！」とか（笑）。

▼青空球児・好児
揃いの真っ赤なブレザーに黒のタートルネックというスタイルと、球児がダミ声で「ゲロゲーロ」と叫ぶギャグで、昭和四十年代のお笑いをリードした正統派漫才師。現在は浅草・木馬亭で行われている「お笑い浅草21世紀」などで活躍中。また球児は東京漫才協団・副会長も務めている。

博士　わけのわからないものでも、なにかひとつ決めゼリフがあれば、そこで収拾がつくもんなんですよ。社長は、テレビ出てても、最後は、いつも困ってるでしょ、「なんかシメのフレーズ俺ねえなあ」って感じですもんね。

堀江　なるほど。いいこと言いますね。なにかありますか、具体的に。やっぱり流行語大賞の「新規参入」かな。

博士　それは登場のときはいいですよ。どんな番組も「どうも」で一拍あって、「新規参入、堀江です」かな。やっぱり間がいりますね。ダチョウ（倶楽部）の「ダァー！」も、カメラが来てからですから。

玉袋　「ライブドア！」でいいんじゃない。ひとことだけ。

博士　「ライブドア！」でズボンのチャックを開ける（笑）。

堀江　シモネタは……。でも、それやったらみんな真似するだろうな。

玉袋　いっそそれ用のオリジナルTシャツとかつくっちゃえば。チャックが付いててガバッと開けるとライブドアって書いてある（笑）。

博士　でも、Tシャツといえば、堀江社長のTシャツへのこだわりっていうのは、日頃から**トータル・ワークアウト**で鍛えている成果をぜ

▼トータル・ワークアウト
ジャイアンツの清原や、相撲の千代大海、K-1の魔裟斗などのトレーナーで知られるケビン山崎氏が代表を務めるフィットネス・クラブ。スポーツ選手や芸能人の会員が多いのでも有名。堀江社長も二〇〇三年十一月より通っている。

ひ見せたいというのもあるんでしょ。

堀江　ないですよ、そんな（笑）。

博士　いや、あるでしょう。あれは絶対引き締まった筋肉と、体脂肪率の少なさをアピールしたいはずだ（笑）。そうに違いない、俺は堀江研究家だから、毎日、ブログで堀江社長の日記を読んでるけど、かなりのペースでジムに通ってますよ。あの忙しさのなかで。

堀江　いま、だいたい週に二回くらいですね。一時期仙台によく行っていたときは、あまり通えませんでしたけど。

「これからはプロレスより競馬でしょう」

博士　去年は格闘技の会場でも、お見かけしましたけど、あれは誰と誰の試合のときでしたっけ。

堀江　ＰＲＩＤＥの**シウバ対ジャクソン**ですね。

玉袋　中量級のタイトルマッチ、おもしろかったでしょ、文句なしに。

▼シウバ対ジャクソン
二〇〇四年十月三十一日、さいたまスーパーアリーナで行われた『ＰＲＩＤＥ28』で対戦。結果はシウバが二ラウンドに、膝蹴り五連発でジャクソンにＫＯ勝ちし、プライド無敗記録を十八に伸ばした。ちなみにシウバは二〇〇四年の大晦日に行われた『ＰＲＩＤＥ男祭り２００４』でマーク・ハントに敗れ、連勝記録は途切れている。

堀江　いやあ、おもしろかった！

博士　われわれ浅草キッドもフジテレビで、『ＳＲＳ』って、ＰＲＩＤＥやＫ－１情報を伝える番組にレギュラーで出演してますけど、格闘技には深く関わっているんですよ。それでこれはもういろいろな雑誌で言っているんですけど、堀江社長はプロ野球に参入できなかったことが、逆にラッキーだったと思うんです。

堀江　どういう意味で？

博士　つまり、あれでひとつのビジネスチャンスを失ったかもしれませんが、野球チームを持ったら持ったで心配する向きも多かったわけですよ、経営面で。親会社が圧迫される可能性もあるほど、それだけの費用がかかるわけですから。だから、新規参入に落選した途端にライブドアの株価が上がったじゃないですか。投資家は、落選したことを支持したわけでしょ。その点、格闘技はいいですよ。ＰＲＩＤＥを見たとき思いませんでした？　世界に通用する、こんなに素晴らしいソフトはないって。プロ野球なんかよりコストはかからない。だってプロ野球パ・リーグの消化試合、ライブドア対ロッテより、シウバ対ジャクソン、**ノゲイラ対ヒョードル**のほうがよっぽど、視聴率とれますよ。それをボクシングのヘビー級タイトルマッチみたいに、インターネットで全世界に配信する、これはすごいことになると思いませんか。

玉袋　なんのセールスマンなんだよ（笑）。

博士　だから格闘技ファンとしては、ぜひ堀江社長にね、新規参入していただきたいのよ。

堀江　でもいろいろ大変なんでしょ、格闘技の業界ってマネジメントが。

玉袋　たしかに、一筋縄には行かないから、火傷するかも。

博士　そういう面倒な部分の人間関係の交通整理は俺らが引き受けますから、安心してよ（笑）。

堀江　格闘技は一部水面下で動いていないこともないんですが……ただ格闘技は経営者として、いま積極的に手を出すべきではないと思っているんです。

博士　ええっ、それは、なぜ？

▼ノゲイラ対ヒョードル
勝ったほうが全人類中最強と言われる戦い。両雄はPRIDEのリングで過去三度対戦し、バッティングによる無効試合が一度あった以外は、いずれもヒョードルが勝利している。

堀江　たとえばＰＲＩＤＥやＫ－１って、株価でいえば、スッ高値じゃないですか。天井に近いでしょう。そういうものには手を出しちゃいけないんです。買うならもっと落ち目になってからか、あるいは一からつくらなきゃおいしくない。それより、いまなら、新日本プロレス丸ごととかね（笑）。

玉袋　そりゃいい。いまや、新日本は凋落傾向、まさしく狙い目だ。

博士　ライブドアは大阪プロレスともつながりがありますけど、これからはプロレスをエンターテインメント事業の柱にしていくとか、計画はあるんですか？

堀江　いや、それだったら競馬でしょう、これからは。

博士　競馬もかなり話題になりましたけど、どこまで本気なんですか。

堀江　いやあ、競馬はおもしろいですよ。だってインターネットで馬券が売れるんですから。ＰＲＩＤＥじゃどっちが勝つかなんて賭けられないでしょ。

玉袋　なかには賭けている人もいるみたいですけどね。違法ですよ（笑）。

堀江　競馬はそれが合法的にできますからね。しかもすごいタイトルがあればダーッと売れて、ものすごく儲かる。それに格闘技のように苦労して、マッチメークする必要もないし。もうビジネスとしては格闘技より全然、簡単ですよ。そう思いませんか。

玉袋　たしかにそうだ。

堀江　あと、競馬って血統という「血のドラマ」があって、そこがものすごくおもしろいのに、いまはその部分の解説が弱いんです。そういうことを知っているマニアと競馬場に行くとめちゃくちゃ楽しいのに、その手の情報を知る機会って、普通の人だとなかなかない。

博士　なるほど、そういう意味ではＰＲＩＤＥやＫ－１には、ちゃんとストーリー性があるし、その煽りもメディアがやっていますよね。

玉袋　試合の前に必ず、映画の予告編みたいな映像を流すからね。

堀江　レースの前に、「北海道の小さな牧場で生まれたこの

子馬が、いまこうやってGIの晴れ舞台に立った」みたいなドラマがビデオで流れれば、知らない人だって応援したくなるじゃないですか。

博士　これはやはり、フサイチペガサスでケンタッキーダービーを制した**関口房朗会長**と、ぜひ馬主タッグを組んでほしいもんですね。同じ、六本木ヒルズの住人としても。我々は関口会長とも、たいへん親しいんですけど。

玉袋　俺たち、有名社長は、だいたい押さえてますよ（笑）。でも、あの人くらい二〇〇四年の堀江社長の活躍を歯軋《はぎし》りして見ていた人はいないかもな。

堀江　そうですか。

博士　だって堀江社長が出てくるまでは、大盤振る舞いの金持ちの代名詞っていえば関口会長だったんですから。知ってます？　去年の四月には、リングの上でボブ・サップとも戦っているんですよ（笑）。

玉袋　そうそう、横浜アリーナを完全に借り切って、K－1のリングを完全に再現して入社式やったんだよ。俺たちがセコンドで助太刀しながら、見事にサップに勝ちましたからね（笑）。

▼関口房朗会長
技術者派遣会社VSN代表。入社式に本場スペインから闘牛士を呼んで、自分もマタドール姿で登場したり、内定者九百人をフランスワールドカップに連れて行ったりと、話題づくりのためにはカネに糸目をつけない。堀江社長が登場する前は、金持ち社長といえばこの人のことだった。馬主としても有名で、日米のダービーを制覇している。

博士　その後、サップもすっかりブームが下火になっちゃいましたけどね（笑）。でも、関口会長、いま、プロ野球買収の話が持ちかけられてるらしいですよ。

堀江　そうですか。でもそういうのは最初にやらないとダメですよ。二番手以降は注目度でいうと、なかなか難しいものがあると思います。

博士　いや、関口会長の狙っているのは、メジャーリーグ。きっと、いずれ突拍子もないことやりますよ。

プロ野球参入、勝機はあった

博士　どうしても聞いておきたいんですが、プロ野球の参入にあとから楽天が手を挙げたとき、これは出来レースで勝ち目はないなって正直思いませんでした？

堀江　いえ、最後まで出来レースなんかじゃないと信じてました。だってプロ野球を興行として考えたら、つまりまともなビジネス感覚だったら、誰だってライブドアを入れたほうがいいって思いますよ。みなさんそれなりに球団経営では苦しんでいるわけじゃないですか。そうしたら結局これはプライドと実利のせめぎあいだろうなと。なかには実利をとるところだってあるはずだから、微妙ながら勝機はあると思っていました。七チームだっていいわけですから。結果は全会一致でウチが落選したと報じられていますが、本当は最後まで葛藤があったと思いますよ、各人のなかで。

博士　楽天が本拠地を、ライブドアと同じ仙台にぶつけてきたときはどういう気持ちがしました？

堀江　そんなことをしたって、将来のことを考えたら絶対に不利なのになって。彼らにしてもどこか別の地域に行っていたほうが、もっとずっと人気が出たはずですよ。

博士　実際、仙台ではいまだにライブドアのほうが人気が高いみたいだし。

堀江　だから僕は、三木谷社長に言ったんですよ、仙台のＮＨＫの前で。これでどっちが勝っても将来に禍根を残すからやめたほうがいいですよって。

博士　堀江社長にすれば、楽天が、後追いして仙台に決めたことが疑問だったわけでしょ。

堀江　疑問というか、なんでこんな気持ちの悪いことを、あえて、この人はするんだろうなって感じでしたね。

博士　その気持ちの悪さが最後まで解消できなかったと。

堀江　しょうがないですよ。僕の支配下にあるわけじゃないんですから。無理に考え方を変えさせることはできませんし。でも、もし楽天が金沢なり、新潟なり、四国なりでチームを旗揚げしてたら、それ以降の展開が全然違っていたと思いますよ。

博士　楽天側は本拠地の人口を理由にしていましたよね。

堀江　僕はそれは本質的な条件にはならないと思います。だってJリーグを見てください、草津だってチームが成立するんですよ。人口なんて数十万人いれば、周辺地域を巻き込んですぐに百万人超えるんだから、結局どこだって可能なはずなんです。

玉袋　だったら、六本木に新球団だったらよかったな。

堀江　さすがにそれはないですけど（笑）。

博士　四国（独立リーグ）が年俸二百万円で選手を募集したって、あれだけ集まるわけですからね。

堀江　選手だってファンだって集まりますよ。だから楽天がなんであんなことをして、憎まれ役みたいになってまで仙台にこだわったのかは、まあ謎ですけど。

博士　ただライブドアも、あれで今後の新規参入の道が閉ざされたわけじゃないですから。堀江社長自身もまだ諦めたわけじゃないんでしょ。

堀江　まあ、いろいろと考えてはいますけど。

博士　ウルトラCもありだと。

堀江　いいえ、行くならあくまで正攻法です。

博士　『プロ野球買います！』のなかに、いくつもアイデアが書かれている以外にも、参入後の秘策はかなりあるんでしょう。

堀江　ありますよ。公にしていないアイデアがいろいろと。

博士　俺のような、ド素人から見ても、いままでのプロ野球チームには、企業努力で、なんでこれをやらないんだろうということが、たくさんあるもんな。

堀江　彼らって、こっちがなにか言うとすぐに、それは三十年前にどこどこのチームがやったけど失敗だった、みたいな言い方をするんですよ。そういうふうに昔一度だけ小さくテストして、効果が出なかったからダメだと思い込んでいるんです。三十年前の話をしたってしょうがないじゃないですか、いまとは条件も環境も違うっていうのに。

博士　ただいくら正論でも、堀江社長のように、それをテレビや雑誌であからさまに口にすれば、彼らだってかたくなになりますよ。

堀江　そうは言ってもプロ野球はビジネスなんですから、実利を追うべきなんです。いくら僕のことが気に入らなくても。だってライブドア・フェニックス対読売ジャイアンツって、見たくないですか。

玉袋　それは見たい！　ホリエモンとナベツネの代理戦争だ。

堀江　僕らの参入を認めれば、そういう興行としては最高のカードを組めるのに、なんでそういうことを考えないんでしょうかね。

博士　以前、番組で**糸山英太郎**さんっていう、資産五千四百億、フォーブス誌が認定した日本で四番目の大金持ちの人で、現在でも日本で

▼**糸山英太郎**
大学卒業後、まずセールスマンとして外車セールスの日本記録を樹立。その後は相場の世界で名を轟かし、やがて昭和四十九年、参議院議員選挙に最年少当選。平成八年に政界引退。現在、三菱重工業個人筆頭株主、日本航空筆頭株主。個人持ち株数日本一といわれる。

いちばん、個人で企業の株を持っている人と対談したことがあるんですが、彼は、その昔、読売新聞に反糸山キャンペーンを書かれて恥をかかされて、「なんとか復讐してやろう、そうだ、ジャイアンツの株を買い占めてやれ」と思ったんだそうです。ところがジャイアンツは株式を公開していなくて、仕方がないので公開している、よみうりランドの株を買い占めたんですよ。糸山さんは日本航空ともめたときも、ＪＡＬの筆頭株主になって、ＪＡＬに頭を下げさせたりしてるんだけど、堀江社長だって、いざとなったら、そういうこともできるでしょう。

堀江　いや、僕の場合は頭を下げるとかそういうのはどうでもいいんです。

博士　面子がどうだこうだじゃなくて、ただ相手も合理的な考え方をしてくれと。

堀江　それだけでいいんです。
博士　なるほどね。だから正攻法でいいんだ。

テレビで日本版『ジ・アプレンティス』一緒にやりましょう!!

博士　前に俺が、日本じゃパチンコ・パチスロなどに年間三十兆円も庶民が、お金を落としているんだから、どうせならパチンコ感覚で株も買えるようにしたらどうですかって提案したら、それはもう考えてるって言ってましたよね。
堀江　買えますよ。そういう意味では、ライブドアの株式は千円以下で買えるようにしましたから。
博士　外国為替だって、お金を入れるだけで、スロットのように瞬時にポンといくら儲かった、損したみたいな仕組みができないのかって聞いたら、すでに動いているらしいことを言ってたじゃないですか。
堀江　ええ、まあね。

玉袋　そういうアイデアって、やっぱり持ち込みも多いんでしょ。

堀江　そうですね。

博士　もう毎日『マネーの虎』（日本テレビ）をやってるみたいなものじゃないですか。こういうアイデアがあります、こんな事業を考えましたって、いろんな人が企画書持ってきて、お金出してくださいって。

堀江　でも持ち込みでいい企画ってあまりないんですよ。ほとんど断ってます。ただそういう日本版『**ジ・アプレンティス**』（米・NBC）みたいな企画は考えていますけどね。昔の『ASAYAN』（テレビ東京）のノリで。

博士　それだったら俺もありますよ。『銭形金太郎』（テレビ朝日）っていう貧乏自慢番組があるじゃないですか。あれの真逆で『金満銭太郎』って番組企画（笑）、こういう商売をしたいんですって集まってきた芸人に、『ド・ナイト』で培った社長人脈や、もちろん、堀江社長と関口会長で、お金を出してやらせてやるという、超太っ腹な企画なんだけど……。

▼ジ・アプレンティス
米不動産王ドナルド・トランプが登場するNBCの人気番組。出場者はトランプ氏系列企業の経営者の椅子を争って様々な課題に挑み、毎回ひとりずつ「クビ」を宣告され、最後に残った人が実際に社長として派遣される。

玉袋　それが、『マネーの虎』じゃない（笑）。

堀江　う〜ん。それは番組としては成り立つけど、番組じゃなくて参加者のほうが、おそらく失敗するでしょう。失敗するほうが番組的には面白いというのがあるかもしれませんが、どうせやるなら僕としては、やはり成功してほしい。サクセスストーリーのほうがいいじゃないですか。だから日本版『ジ・アプレンティス』ですよ。

博士　『ジ・アプレンティス』って、日本語で言えば、実習生って意味だけど、不動産王のドナルド・トランプが司会して「ビジネス版『サバイバー』」って言われてる、全米中から秀才を集めて、ビジネスを競わせる勝ち抜きバトルですね。ビジネスそのものの手腕や、方法論が見所になっている。

堀江　そう。めちゃくちゃ頭がよくて、仕事ができる奴らだけを集めて、競争させるんです。たとえば全員がグランドハイアットかどこかに一ヶ月間泊り込んで、誰が六本木ヒルズでいちばん先にシュークリームを一万個売るかでバトルするとかね。

玉袋　レポーターは中村有志さんで、司会が田中義剛さんと。

博士　それじゃ『TVチャンピオン』（テレビ東京）になるだろ！　でも、日本版『ジ・アプレンティス』はおもしろそうだな、ぜひ、やりたい。でもなぁ、司会のドナルド・トランプが破産したもんなぁ（笑）。縁起が悪いから、社長はスポンサー、司会はぜひ浅草キッドで（笑）。

玉袋　結局売り込みかよ！

博士　だって、一緒に番組やりたいじゃないですか。もったいないんだよ、もっと社長のキャラを引き出すんだけどな〜。企画書、書きますよ！

堀江　そうですね。なにかやりましょう。

次の目標は北朝鮮買収!?

博士　いままで、言ってもいないことを記事にされたこととか、ずいぶんありました？　数々のマスコミ被害に遭っていることは想像できますけど。

堀江　被害というか、ああいうもんなんでしょ、マスコミというのは。
玉袋　あんまりしつこくて、こんなとこまで来るなよみたいなのは。
堀江　それは大丈夫です。そういう意味では、六本木ヒルズに引っ越しておいたのがよかったんですよ。六本木ヒルズの住宅棟って、入り口が二十ヶ所くらいあるから、マスコミも張れないんです。代わりに、以前住んでた一軒家の方が被害に遭ったみたいで（笑）。いや、笑っちゃいけませんけど。ここに引っ越してくる前に、それまで住んでた一軒家を売ったんですが、そこにマスコミが大挙して押しかけてきたらしくて。すごかったんですって（笑）。
玉袋　でも、これだけ顔を知られると、いろいろ不都合があるでしょう。いままで行ってたラーメン屋に行けなくなったとか。
堀江　わりと平気で行ってますよ。新大久保の焼肉屋さんとかにも行きますしね。
博士　そういえばブログを読むと、今日はどこに、なにを食べに行ったっていう話が多いですよね。自分で燻製《くんせい》ハムつくったりしてるし（笑）。

堀江　おいしいものを食べるのは好きですからね。それに食べ物の話を書いていると、グルメ本とかグルメ番組とか、食関係の仕事の引き合いがよく来るんですよ。

博士　本もすごい勢いで出してるでしょ。もう毎月のように新刊が出てる。この本もそうだけど（笑）。

玉袋　おまえは**中谷彰宏**か（笑）。

堀江　中谷彰宏さんはいいですよ。いや、ビジネスモデルとしてですけど。つまり固定ファンをつくるというやり方。

玉袋　大川隆法さんも一緒だね。

博士　それは信者が買うんだろう（笑）。

堀江　でも、出せば必ず買う人がいる。そういう層をつくっておくことは大事です。そうすれば、あとは新しく起こったことを解説するだけで本が出せるわけで、新しいことは、どんどん起こるんですからね。書店にコーナーができればあとは楽ですよ。

博士　実際、堀江社長の本は売れてるし、書店に棚もあるからね。本職の作家の人はみんな羨ましいと思っているはずですよ。いま、出版

▼中谷彰宏
作家、俳優。主な著書に『面接の達人』シリーズ（ダイヤモンド社）など。年間六十冊以上（週に一冊以上）のペースで著作を刊行しており、事務所によると二〇〇五年一月までに六百六十冊の著作が刊行されているという（文庫含む）。すでに「中谷本」というジャンルが確立している。

不況で本はあまり売れないじゃないですか。

堀江　そうですね。

博士　堀江社長にしてみれば、あれだけ売れても本業の収入に比べたら微々たるものなんでしょうけど。

堀江　ただし僕の本の印税は、僕個人には入らないんですよ。全部会社に入れてる。テレビの出演料もそうです。

博士　だって個人資産で、すでにモンゴルの国家予算くらいあるんだから（笑）。

玉袋　いっそ北朝鮮でも買っちゃったらどうですか（笑）。

堀江　おもしろいですね。興味ありますよ、ああいう国の経営というのは（笑）。

博士　堀江社長、知ってます？　テリー（伊藤）さんの夢って、北朝鮮の国家運営なんですよ。北朝鮮という国を演出するのが将来の夢だって言ってました。

堀江　夢じゃなくて、それ、現実になるんじゃないかな。やり方しだいで本当にできますよ。政権が替わったタイミングで、広告宣伝大臣みたいなポストに就くとかすればいいんですから。でもテリーさんだと、なんだか**ナチスのゲッベルス**みたいになりそうで怖いな（笑）。

博士　実際、イラクでだって、このままアメリカの傀儡《かいらい》でやると、民主主義の〝モデルケース〟として現実問題でなりそうですよね。

堀江　国の広告宣伝って大事だと思いますよ。日本ってそういうのを担当するところがないじゃないですか。やっぱり広告宣伝省みたいなところをつくって、国のピーアールがちゃんとできる人を大臣に置くべきですよ。

個性的な人より、まともそうな人のほうが怖い

博士　ライブドアの会社の話をすると、僕もよく知っていますけど、堀江社長の秘書の方も個性的ですよね。

堀江　そうですか。

博士　だって秘書なのに『おしゃれカンケイ』（日本テレビ）に出演

▼**ナチスのゲッベルス**
ナチス＝ドイツの最高幹部にして、宣伝担当大臣。マスコミを使った世論操作の天才といわれている。ベルリン陥落の際ヒトラーとともに自殺。ゲッペルスと間違えて覚えている人が多いが、ゲッベルスが正しい。

しちゃうんだから。それも美人秘書として。

玉袋　『フラッシュ』（光文社）にも出てたな。

堀江　別に僕が出しているわけじゃないですから（笑）。

博士　でもライブドアというのは、本当に個性的な社員が多いというか。今回の本にも書いてありますけど、「僕は数字しか見ない、髪型や服装は関係ない」って、実際あのとおりなんですよね。

堀江　というより、格好が個性的だったりする人のなかには、絶対仕事ができる人があぶれているんですよ。サラリーマンらしくないっていうだけで採用されないわけでしょ、日本だと。でも髪型や服装ってなかなか変えられない人もいるわけで、要するに人によってはそれが、自分の生き方みたいなものですから。で、そういう人たちをほかの会社が雇わないなら、ウチで雇いましょうと。

博士　なるほどね。サラリーマンらしくないから仕事ができないわけじゃない。

堀江　仕事もそうだし、意外といい奴が多いんですよ。逆に普通っぽく見えてまともそうなほうが、案外自分を押さえ込んで生きている分、問題を起こしやすかったりするんです。

玉袋　そうそう、手鏡でスカートの中のぞいちゃったりね。

博士　誰のことだよ！（笑）でも社員の格好は気にしなくても、この本にもあるように、「俺は足の速い人間とだけ仕事がしたいんだから、足の遅い社員は切り捨てろ」と、普通は気配りを大事にするのが日本的経営だと思うんだけど、よくまあ平気で言い切りますね。

堀江　「切り捨てる」っていう言葉をネガティブに考えちゃうのが、大きな間違いだと思うんですよ。足が遅い人間に、速い奴らと一緒に走れと言ったら、それは逆に気の毒じゃないですか。彼らだって努力するより「どうせ俺は足が遅いんだから、走るのが得意な奴らだけでやればいいじゃん」って思いますよ。それにたとえ会社が、足の遅い人間に合わせてペースを落としても、それは遅い人間にとってプレッシャーになるだけで、彼らにとって苦痛であるのに変わりはないんです。いいじゃないですか、ウチの会社で切り捨てられたら、ここでは合わなかったんだと思

ってほかに行けば。

博士　社長がこうだから、やっぱり社員も新橋のガード下で飲む、典型的なサラリーマン像とは違ってくるわけだ。

玉袋　集まって「部長がよぉ」っていう雰囲気ないもんね。

堀江　文句があれば直接言えばいいんですよ。嫌なら辞めればいいし。こっちは別にどうしてもいてくれって頼んでいるわけじゃないんだから。そういう人のほうにだって、どうしてもウチじゃなきゃダメだなんて理由はないんですよ、本当は。

博士　しかし堀江社長が有名になった分、ずいぶん会社の悪口も言われましたよね。なにをやってる会社かわからないとか、実体がないとか。

堀江　いまでも言われてますよ。

博士　そのあたりは株式公開して、決算報告書なんかもすべて明らかにしているわけだから、営業利益を出し続けていけばいいんだろうけど、やっぱりプレッシャーあるでしょ、

これだけ注目されると。

堀江　それはまあ、そうですけど。とにかく僕は前を向いて仕事をやっていくだけですから。

博士　さっきも言いましたけど、俺は自称・堀江研究家だから、ブログで堀江社長の日記を常にチェックしているんですよ。それでひとつ羨ましいと思うのは、テレビに出ることはそんなに重要なことじゃないってことでね、社長にとっては。テレビに出たって、書くのは「今日は朝からテレビで番組の収録」たったこれだけでしょ。良かったとか悪かったとか反省もなにもない。堀江社長にとってはテレビ出演も、ただ通り過ぎる日常のひとコマにすぎないんだよな。割り切りが早い。

堀江　いや、関係なくはないですけど。

博士　でも、タレントの資質としては反省はしないほうがテレビはいいんですよ。

堀江　多少はしますよ（笑）、日記には書かないだけで。ライブドア・フェニックスのパーカーを着て出ればよかったなとか（笑）。

博士　『アッコにおまかせ！』（ＴＢＳ）で、アッコさんと、もっとうまく絡めばよかったとか。

堀江　いやあ、アッコさんとは、怖いからあんまり絡みたくないですけど（笑）。

〝ホリエプロ・スカウト・キャラバン〟開催!?

博士　さっきお笑いの話が出ましたけど、どうです、二〇〇五年は本気でやりませんか、我々と組んで。

玉袋　〝ライブドア・ライブ〟とかね。語呂もいいし。

堀江　いいですね、それ（笑）。でもお笑いってまだまだ伸びると思いますよ。お笑いの上場企業って吉本興業くらいしかないじゃないですか。だから競争もたいしたことないし。

博士　いっそのことホリプロに対抗して〝ホリエプロ・スカウト・キャラバン〟やりますか（笑）。お笑いキャラバン（笑）。同時に、日本版『ジ・アプレンティス』も兼ねたらいい。アイドルもビジネスマンもお笑いもスカウトしましょう。

堀江　やりましょうか、M‐1グランプリに対抗して（笑）。そうしたら格闘技のK‐1対PRIDEみたいな構図ができますもんね。

博士　そうしたらまず我々でグループをつくりましょう。

堀江　なんのグループですか。

玉袋　お笑いトリオに決まってるじゃないですか。

堀江　僕がですか（笑）。

博士　お笑いビジネスを手がけるなら、社長自らちゃんとお笑い的なリアクションができるほうがいいでしょ。それに堀江社長と浅草キッドがお笑いユニットを組んだら、これはアナウンス効果すごいですよ。俺たち、そういうの得意ですから。**トキノ（現ソノコ）の鈴木その子会長**、**城南電機の宮路年雄社長**、それに関口房朗会長……。

玉袋　あの**江頭2：50**も絡めましょうか。

堀江　いいかもしれない（笑）。

――浅草キッドから見て、堀江さんのキャラクターというのはどうなんでしょう。テレビ的にはいじりやすいほうですか。

▼トキノの鈴木その子会長
浅草キッドがレギュラーを務めたバラエティ番組『未来ナース』で火がつき、「美白の女王」として一躍マスコミの人気者となる。ダイエット食品等を販売するトキノ（現ソノコ）の創業者でもあり、一代で百億円を越える資産を築いたが、二〇〇〇年十二月、肺炎で惜しくもこの世を去る。享年六十八歳。

▼城南電機の宮路社長
安売りショップの草分け城南電機を、文字通りからだひとつで築いた「平成の安売り王」。肌身離さず持ち歩く、現金三千万円が入ったルイ・ヴィトンのアタッシュケースがトレードマーク。それを公言してはばからなかったため、何度も強盗に襲われ新聞沙汰になるも、最後までやめようとしなかった。浅草キッ

博士　いやいや、それは難しいというか、テレビ的には、はっきり言って下手ですよ。テンションが低いし、冷徹に見えるでしょう、「空白の一日」のころの江川卓を髣髴《ほうふつ》しますよ（笑）。でも、それは、本人がマスコミの前でも演技をしないということにポリシーを持っていますからね。ただそうでありながらもテレビの露出を通じて堀江社長が理解されていったというのは、逆に、かたくななキャラの、その部分を曲げなかったからだと思うんですよ。非難されてもずっと、クールのまま、衣装もTシャツ姿で通したでしょ。

玉袋　頑固なんだから。

博士　ただ俺としては、堀江社長という稀有なキャラは、もっとメディアでいじりたいわけ。いままで出演した番組を見ても、やっぱり『ド・ナイト』でやった企画のほうが断然おもしろい。なぜそれができないかといったら、みんな堀江社長に対して、どこまで踏み込んでいいのかわからないんだと思うんですよ。

玉袋　誰も演出の仕方がわからない。

堀江　それはそうですかね。

ドがレギュラーを務めたテレビ番組『浅草ヤング洋品店』で、大塚美容外科の石井院長（故人）とくり広げられたロールス・ロイス対決はテレビ界の伝説となっている。一九九八年五月心筋梗塞で死去。享年六十九歳。その後城南電機も倒産した。

▼江頭2：50
大川興業構成員。『浅草橋ヤング洋品店』では、水中素潜り四分十四秒の世界記録を樹立。父親は江頭2：45。

博士　それはそうですよ。だって基本的には、どんなタレントよりもお金持ちなんだから（笑）。プロデューサーより金持ちなんだもん（笑）、絡みにくいよね。その上、年も若いし。まあ芸能界で俺らくらいでしょ、この人のいじり方の加減がわかってるのは。そういう意味ではいじりがいもあるし。

玉袋　そりゃあナベツネさんよりはね（笑）。

博士　渡邉恒雄元オーナーみたいな人は、いじりようがないんです。もう悪者にするしかないわけ。でも堀江社長というのは、自分を演じる、飾るということに関して淡白だし、もともとお笑いの専門家じゃないっていう自覚があるから、俺たちがこうしてくださいと言えば、そのほうがベターなら、じゃあ、それでやりましょうと、ものすごく切り替えが早い。すぐに任せてくれるんです。どこか鈴木その子社長に近いところがありますね。演技は不要でもキャラ立ちできますよ。

堀江　僕のように社長というカテゴリーに属していて、ある程度若くてお金を持っているキャラクターって、いままであまりいなかったし、これからだってそうそう出てこないでしょうから、まあ自分でもおもしろいと思いますよ。それにお笑いって、頭の回転もある程度速くないと対応できないじゃないですか。

博士 さとう珠緒と一緒にベッドに入ってくれなんて言われても、普通みんな嫌がるんですよ。一般人っていうのはテレが強いからね。でも堀江社長は珠緒ちゃんとベッドで「なかなかいい気持ちです」なんてやってくれる。あれを見て俺、マジで感心しましたもん。

堀江 まあやりながらね、こっちもいろいろ観察しているところもあるんですよ。テレビの現場ってどうなっているんだ、どんなビジネスモデルで成り立っているんだ、この業界はって。そういう具体的なことは、現場の人たちとたくさん会わないことには、わからないじゃないですか。いま僕がやっているのはインターネットが中心ですけど、近い将来地上波にも必ず進出します。そのとき現場のこともわからず、上からガツンと言うだけじゃ、絶対うまくいかないし、適切な施策も打てませんから。そのときのためにテレビのなかに入り込んで、いろいろなことを学んでいるようなものですよ、いまは。

玉袋 じゃあ最初はＡＤからだ（笑）。

堀江　これはテレビ局の人から直接聞いたんですけど、いま視聴率が取れる番組って、いい番組じゃないんですって。要するに、いい番組というのはみんな録画してあとで見るから、視聴率に表れてこない。じゃあなにが視聴率を取れるかといえば、お年寄りの見る番組なんです。おじいさんやおばあさんはビデオ録画の仕方がわからないから、リアルタイムで見るしかない。

玉袋　『渡る世間は鬼ばかり』（ＴＢＳ）とかね。

堀江　あとは若い人がターゲットなら、徹底的にくだらない番組をつくって暇つぶしに見てもらう。だから番組のつくり方としては、視聴率狙いの年寄り向けか、若者向けバラエティ、じゃなかったらあとはもう視聴率という数字に表れなくても、アドバテインメントとしていい番組をつくって提供する、このどちらかしかないんですって。なるほどって思いましたよ。

博士　俺はひとつの可能性として、「大人のディズニー」とも呼ばれ、世界一の規模を誇るプロレス団体、ＷＷＥのオーナーであり、自分でもリングに立ってレスラーと戦ったり、マイクパフォーマンスをやる

ビンス・マクマホン社長みたいなキャラクターが、堀江社長ならできるんじゃないかと思っているんだけどな。

堀江　マイクパフォーマンスですか（笑）。

博士　たとえばトーク番組だったら、これまでの主流は「本音トーク」だったのが、二〇〇四年は完璧に「キレ芸」に移行したでしょ。本音以上に感情をむき出して、途中から怒り出すんです。女性タレントでもみんなそうでしょ。テンションを思いっきり上げて、そこでガッと言い合う。暴き合うというか。まあこれは、テレビ側にもそういうニーズがあるから、みんなやりだしたわけなんだけど、堀江社長って絶対キレないじゃないですか。

玉袋　キレないね。

博士　だけど、そこを冷静なままキレてもらう。もちろん演出で。それでパッと札束出して、じゃあこれで解決しましょうって、最後はなんでもカネで解決してしまう（笑）。

玉袋　ゲスなキャラクターだな。

堀江　……どうかなぁ。そのキャラクターはダメでしょう（笑）。

▼ビンス・マクマホン
アメリカのプロレス団体WWE（World Wrestling Entertainment）のオーナーにして現役レスラー。空手の経験者で、筋骨隆々の肉体美を誇り、自らリングに上って〝従業員〟と戦う。体を張って自らの団体を盛り上げ、事業の大幅な拡大に成功した。

博士　本気にしなくても良いですよ（笑）。

堀江　でも漫才はやりたいですね。

博士　台本書きますよ。

堀江　いや、僕が演《や》るというより、仕掛けのほうですよ。

「演じるほう」からお金をとる

博士　最近のお笑い見てどうですか。

堀江　まだまだ足りないですね、笑い自体が、この社会に。

博士　M－1グランプリなんかは？

堀江　ちょっとまだ練れていないというかね。やっぱり僕らのように子どものころ『オレたちひょうきん族』見て育った世代としては、笑いとしてもの足りない気がするんです。どうなんですか、あの時代と比べて、お笑いというのは進化しているんですか。

博士　われわれの師匠であるたけしさんの言葉を借りればですね、すべてのジャンルはらせん状に進んでいるのであって、一見退化しているようでも、実際はひと回りしながら進化しているそうです。そういう意味で言えばお笑いも、細分化してはいますが進化しているはずなんですよ。ただ昔とは置かれている状況が違うというのはありますね。スポンサー批判とか人権に関わることとか、規制がすごいじゃないですか、いまは。漫才ブームのころなんて、飛行機が墜ちたら次の日にはそのことがネタに使われていましたからね。だから笑いの幅がものすごく狭くなっているというのは、たしかだと思います。

堀江　それはテレビでということですか。

博士　そうです。テレビを前提としないライブなら、俺たちだって、いまでも超過激な漫才をやってますよ。お金にはならないけど（笑）。

堀江　じゃあライブやネットだったら、かなりいろいろなことができるわけだ。

博士　もちろん。ただライブやネットだから無制限ということにはならないと思いますよ。配慮すべきところはしない

と。でもお笑いというのは差別というか、差異があって初めて成立するってところがありますから、あまり規制がないほうがやりやすいというのは、そのとおりです。

堀江　ビジネスモデルで考えると、ネット配信だけというのはまだまだ儲からないんです。だけどライブをやって、なおかつそれをＤＶＤにして売るというふうにすれば、それは商売として絶対成立します。だからネットで宣伝して、ライブ会場に足を運んでもらって、さらにその模様をＤＶＤにして売るというモデルだったら、これはかなりおもしろいんじゃないですか。

博士　演劇がいま、そうなってますよね。昔は演劇というのは「風に書いた小説」っていう言葉があったくらい、記録できないその場かぎりのものという認識が、演じるほうにも観るほうにもあって、まあそれが演劇の特性であり、美しさでもあったわけです。ところがいまは少し大きな劇団になると、どこもあとからＤＶＤを売ることを前提にやってますからね。だから会場に入ると、カメラが何台もセットしてある。引き絵だけの記録映像じゃなくて、寄りの絵も全部撮っておくわけですよ。そうやってＤＶＤが売れれば、演劇自体の製作費も大きくできるようになってきてますよね。

堀江　だからお笑いやエンターテインメント・ビジネスって、ビジネスモデルとしては絶対悪くないんですよ。粗利率は高いし、投資もそんなにいらないんですから。それからもうひとつ僕が考えているのは、演じるほうからお金を取るというモデルですね。たとえばいま、ブログがそうでしょ。あれは読むほうじゃなくて書くほうがお金を払うシステムじゃないですか。それでも書きたいという人がたくさんいる。要するにみんな俄《にわ》か作家になりたいんですよ。それであわよくば本物の作家になれればって思っている。実際そういう人だっていないわけじゃないですから。お笑いも同じでしょ。お金を払ってもやりたい人が相当数いるんだから、そこからお金を取るほうが、誰かに見せて、見た人から取るより簡単かもしれない。

博士　それは正しいと思います。実際、東京でも**人力舎**なんてスクールをつくって成功しているし、吉本興業だって、いまじゃビジネスとして十分成り立っていますからね。

▼人力舎
シティボーイズ、Ｂ－21スペシャル、光浦靖子などを輩出した芸能プロダクション。現在はアンジャッシュ、ドランクドラゴン、おぎやはぎなどが所属。「スクールＪＣＡ」というタレントスクールも経営している。ちなみに費用は、入学金、授業料、諸経費込みで年間六十万円。

玉袋　俺なんか、カネ払って学校でお笑いを勉強しようっていうことのバカさ加減っていうか、そういうことをバカバカしいと感じないところにもうお笑いのセンスがないと思ってたんだけど、でも経営側とすれば、それで生徒が集まるんだったら絶対いいわけだしね。

堀江　それに実際、そこからタレントになるような人だって、出てきているじゃないですか。

玉袋　出てる、間違いなく出てる。

堀江　結果的に出るんですよ。それは確率論だから。だってお笑いを自分でやりたいってことは、そいつ自身がおもしろいわけじゃないですか。おそらく地元の中学校でいちばんおもしろくて目立っているような奴らばかりが集まってくるでしょうから、そのなかから売れる人間を発掘するというのは、ビジネスとしたらものすごく効率的なんです。

博士　エンターテインメント・ビジネスといえば、以前、堀江社長の自宅の本棚に、『**お～い！竜馬**』（小学館）が全巻揃っていて、これを映画化したら、おもしろいんじゃないかって話しましたよね。

▼お～い！竜馬
坂本龍馬の生涯を描いた、武田鉄矢原作、小山ゆう作画の長編漫画。坂本龍馬入門として評価が高い。武田鉄矢氏は大の龍馬好きで、龍馬がつくった貿易会社「海援隊」（「亀山社中」の後身）を自分のバンドの名前にした。

堀江　おもしろいですよ、絶対。別に舞台化でもいいんですが。ただ映画にしても舞台にしても、視点を変えたほうがいいですね。坂本龍馬って明治維新の立役者みたいな感じで、どちらかというと政治の色が強すぎると思うんです。そうじゃなくて僕がやるなら、日本人初のベンチャー起業家としてプロデュースしたいな。起業家物語。

博士　それ、おもしろい。いけますよ！　坂本龍馬が「亀山社中」とか、日本の株式会社の概念をつくったようなもんですからね。

堀江　龍馬の、世界で商売したいんだというところに、ぜひスポットライトを当てたいですね。

博士　そういえば、社長が書いた『プロ野球買います！』の一章に出てきますね。尊敬するソフトバンクの孫正義社長には坂本龍馬のようになってほしいという衝撃の一節が……。

堀江　いや、あれは……違うんだよ。

博士　「坂本龍馬は明治維新への道筋だけつくって、志半ばで倒れた。孫さんにはあの役目をお願いして、自分はその後の新政府で総理大臣になった伊藤博文になる」って、あれ読んだときは、余計なこと書いてるなって爆笑しましたよ。

堀江　だから、そうじゃないんですよ。僕はあんなこと書いていないのに、あとから出版社が、刺激的になるよう、おもしろおかしく勝手に手を入れたんです。

博士　そりゃあ、そうでしょうね。孫さんって、堀江さんの地元の先輩ですしね。かねてからリスペクトしてますもんね。でもよく考えたら伊藤博文だって最後はハルピンで暗殺されてるっての！（笑）

玉袋　全然、例えとしてもよくないじゃない（笑）。

堀江　でも『お～い！竜馬』を起業家物語でやったら、絶対おもしろいですよ。通り一遍じゃない坂本龍馬像に切り込んでいくほうが。やっぱり映画より舞台のほうがいいのかな。

博士　社長は、意外にも芝居好きなんですね。ブログに、よく書いてありますもん。それもかなりマニアックなものまで観てる。

堀江　芝居は好きですよ。実は大学のとき演劇のゼミにいたんです。だから小劇場はよく観に行ったし、能や歌舞伎なんかも観た。浅草のロック座も行ったな。

玉袋　ストリップを観に？

堀江　そう。女の子も連れて。そういうところにいたから、いまでも演劇関係の知り合いが多いんです。

博士　そうしたらどうです、ライブドアで浅草再開発。

玉袋　俺たち、ストリップ小屋の浅草フランス座出身だし、浅草キッドと浅草開発！　はどうですか。

博士　しかし、浅草再開発って、いままで、何回やってんだよ。いままで、誰も成し遂げられなかったという。

堀江　浅草はいいんじゃないですか、あのままで。

博士　ゴーストタウンですよ、言っておきますけど。

玉袋　花やしきもねえ。あんなになっちゃったし。浅草ＲＯＸビルも、七階に「まつり湯」ってのがあるんだけど、「あとのまつり湯」って言われてますからね（笑）。

堀江　やっぱり箱ものでやろうと思ったら難しいですよ。再開発だったらむしろ、浅草にうまいもの食いに行こうみたいな感じの流れのほうが、いいんじゃないですか。浅草っておいしい店が多いんですよ。

すきやき屋とかお好み焼き屋とか。普通の洋食屋でもいい感じのところ、ありますよね。ただそういう店も、ちょっとはずれたようなところにあると、みんな知らないし行かないでしょ。だから「食」という切り口はひとつあるんじゃないかな。

「食」のライバルは秋元康

博士　堀江社長は「食」にかなりこだわりありますよね。ブログ読んでると、うまい店の情報だけじゃなくて、有機野菜を取り寄せたり、自分でハムの燻製をつくったり、まめに食事をつくったりもしてますもんね。

堀江　NHKテレビで『**男の料理**』というのがあったじゃないですか。僕、あの番組に本気で出たかったんですよ。昔、吉村作治先生が、番組でパエリアをつくっているのを見て、うわあ、この人すごいって思った記憶があるんです。

博士　でも、堀江社長は自分が食べてうまかった食材を、必ずコメン

男の料理
NHK『きょうの料理』内の1コーナーとしてスタート。一九八三年に、土曜日のレギュラーコーナーになり、一九九一年に『男の食彩』として独立。

ト付きでブログにアップしてるでしょ、あれを見ると、そんなに有機野菜がシャキシャキした野菜なら俺も頼もうって気になりますもん。

堀江　頼んでください。というか、みなさんもっと食べるということにお金をかけるべきだと思うんですよ。僕の主張はあくまで「うまい食い物に高いお金を払え」。うまいものを安くじゃないんです。だいたい周りを見ても、みんなエンゲル係数が低すぎます。それって絶対お金をかけるところを間違えてますよ。食べ物なんて、食べたらなくなっちゃうんだから、ブランド物の靴や鞄のほうがいい、そのほうがずっと使えるからっていう考え方は、すごく貧しいですよ。

博士　たしかに、新世代の経営者の人と話をして、食事の話があまり広がらないのは、文化が貧しい気がするな。

堀江　僕はこれまでいろいろな人たちと会ってきましたけど、食べ物に対して本当に豊かな経験をしてきているなと感じさせてくれた人って、ほんの二、三人しかいませんでした。そのうちのひとりが秋元康さんですけど。

博士　秋元康さんとのやりとりを見ていると、秋元さんと食事の話で盛り上がっているのが、目に見えるようですもんね。

堀江　彼とは二週間に最低一回は一緒に食事に行きますよ。お互いここはうまいという店を紹介し合うんです。それがこの前はかぶっちゃって、秋元さんはさすがに堀江もここは知らないだろうと思って連れて行ってくれたんだろうけど、それが僕の行きつけの店で、ちょっとまずいなって思いながら入った途端「あら、堀江さん、お久しぶり」って言われちゃって。

玉袋　そりゃ秋元さんも立場なかっただろうな。

博士　まあお互いグルメだから、そういうこともありますよ。でもIT業界の社長っていったら、どちらかといえば、食事の時間も惜しんで、サプリメントの錠剤飲んでるイメージなんですけど。

玉袋　ビル・ゲイツだってなんだかハンバーガーばっか食ってそうだもんな。

堀江　そういうふうに思われてしまうところが、彼の貧しさなんですよ。ビルを見てると、もっと豊かさを感じる生活をしたほうがいいよ、君はって言いたくなりますもんね。

博士　ある超有名な音楽プロデューサーは、偏食でも超有名ですけどね。
玉袋　打ち上げが必ずファミレス。
堀江　たけしさんなんかはどうなんですか、食事に関しては。
玉袋　基本的にいちばん好きなのは餃子《ギョーザ》ライス（笑）。
博士　たけしさんにかぎらず芸能人の上のほうの人たちって、うまいもの食い飽きてるんじゃないかな。
玉袋　だから急に町の焼肉屋で食べたいなんて言い出すんだ。霜降りじゃない肉が食べたいって（笑）。
博士　この間も、殿と高円寺で一緒に、大衆店で焼肉食べたんですけど、本気でうまいって言ってるんですよ。

玉袋　神戸牛より全然うめえって。

博士　肉だって日本でいちばんうまいものを毎日食べているはずなんですよ。それなのに、ああいうのはお前、胃がもたれるんだよって。なんかそういうふうになるみたいです。

世の中を変える最高の起爆剤はマンガ

博士　お笑いと「食」以外に、これはやってみたいというのは。

堀江　マンガですね。

玉袋　マンガ？

堀江　そう、マンガをプロデュースしてみたいと思ってます。マンガって絶対、世の中を変える起爆剤になるんです。とくに子どもたちに対する影響力ってすごいものがあるじゃないですか。美食ブームだって、元はといえば『**美味《おい》しんぼ**』（小学館）が火をつけたようなもんでしょ。

▼**美味しんぼ**
東西新聞「究極のメニュー」担当・山岡士郎が主人公の国民的グルメ漫画。山岡と敵対関係にあり、「美食倶楽部」なる会員制料亭を主催する父・海原雄山のモデルは、北大路魯山人とされる。原作・雁屋哲、作画・花咲アキラ。

▼**包丁人味平**
一九七三年から一九七七年にかけて「週刊少年ジャンプ」（集英社）に連載された、お

玉袋　それまで牛次郎が描く世界くらいしかなかったもんな。『**包丁人味平**』（集英社）とか。

堀江　美食という言葉すらなかったし、**北大路魯山人**なんてそれこそ誰も知らなかったわけですから。

玉袋　あとは『くいしん坊！万才』（フジテレビ）の渡辺文雄が食べるものとか、『キユーピー3分クッキング』（日本テレビ）とか。

堀江　そうでしょ。だから「食」に関しては『美味《おい》しんぼ』の果たした役割ってものすごく大きいんです。それから日本酒ブームをつくったのだって『**夏子の酒**』（講談社）だし。

博士　堀江社長って本当にマンガをよく読んでいますよ。俺が、以前社長の自宅にお邪魔したときも、本棚が、まあマンガでいっぱい。俺も好きだから、マンガを肴にずいぶん話し込みましたよね。

堀江　そういえば、この間、僕自身が初めてマンガになったんですよ、「ビッグコミックビジネス」（小学館）で。

博士　へ〜。それは嬉しかったでしょ、マンガ好きとしては。

堀江　結構ね（笑）。

そらく史上初の料理漫画。原作・牛次郎、作画・ビッグ錠。「キッチン・ブルドッグ」のコック塩見味平が、様々な料理勝負に挑む。

▼北大路魯山人
1883年―1959年。画家、陶芸家、書道家、漆芸家、料理家、篆刻家。本名は房次郎。美食家としても有名で、三十八歳で「美食倶楽部」、四十二歳の時に「星岡茶寮」などの料理を自ら創作した。一九五五年、重要無形文化財保持者（人間国宝）に指定されるが辞退。

▼夏子の酒
主人公佐伯夏子が、兄の遺志を継ぎ、コピーライターを辞めて日本一の酒造りを目指す長編漫画。一大日本酒ブームを生み、一九九四年にはフジテレビでドラマ化される。作・尾瀬あきら。

博士　堀江社長の『**ナニワ金融道**』（講談社）が勉強になるっていう話、あれ、ものすごく共感できるんですよ。だってあれ読むとわかるじゃないですか、学校では教えてくれないけど、世の中はこういうふうに成り立ち、ここにこういう落とし穴があるってことが。子どもに道を誤らせたくなければ、絶対読ませるべきですよ。むしろ、学校の授業で読むべきですよ。

堀江　あれってすごくプリミティブなんですけど、実際かなり参考になりますよ。

玉袋　でも裏も表もあるのが世の中の仕組みだからな。

堀江　作者の青木雄二さんってちょっとマルクス主義が入ってるんですよね。それなのにあそこまで、ぶっちゃけ、あからさまにできるっていうのはすごいですよ。普通マルクス主義者はああはできませんから。もっと理想論を語りたがるじゃないですか。

博士　長い間、マンガ家として売れなかったのが、突如、ブレークして、巨万の富を得て、若い奥さんもらって、本人が資本主義を謳歌しちゃったから、思想性がちょっと変わっちゃったんだと思います（笑）。

▼ナニワ金融道
銀行員の社員教育にも活用されているという、裏経済マンガの金字塔。街金融を舞台に、金銭にまつわる人間の暗黒面を赤裸々に描き、「金融とは良心を売って金を儲ける商売なんや」などの名言を生む。

堀江　やっぱり資本主義はいい、みたいな（笑）。

博士　それで最後は、まるで人生に復讐するみたいな生き方、偽悪的なライフスタイルもやっていた。金にあかして、庶民にはこんな生活できませんよって。マルクス主義と資本主義を、体現させて、身をもって実験していたんでしょう。

堀江　こうやって話すと、あらためてマンガはいいと思います。やりたいですね。素材はやっぱり食べ物かな。『美味しんぼ』だとちょっとハイソすぎるというか、美食道になっちゃってるじゃないですか。スーパードライみたいなあんなまずいビールが飲めるかみたいに。そうじゃなくてもっとカジュアルな感じでできればいいんですけど。

博士　それなら評論家の**宮崎哲弥**さん。いま、俺たちと大阪で一緒に番組やってますけど、あの人はグルメマンガの権威なんですよ。もうありとあらゆる食べ物マンガを読んでる。なにしろ「食マンガ評論」というのが自分のいちばんの趣味だというくらいですから、とにかくめちゃくちゃ詳しい。今度セッティングしますから、いちど二人で話して、食べ物マンガをプロデュースしてみたらいいんじゃないですか。

▼宮崎哲弥
評論家。「コミュニタリアン（共同体主義者）」「ラディカル・ブッディスト」の立場で、保守・革新どちらにもよらない批評活動を行っている。関西テレビ『2時ワクッ！』に浅草キッドと共に出演している。

堀江　それ、いいですね。ぜひよろしくお願いします。

「僕はラスベガスで絶対負けない」

博士　俺がこれだけ堀江社長の動向に詳しいのも、ブログの「社長日記」を読んでいるからですけど、それ以外にも自分の考え、姿勢みたいなものを全部ブログに書いているじゃないですか。あれはいいですね。いままでなかなか社長の直接的なメッセージなんて、普通の人は触れることができなかったわけですから。これからトレンドというか、増えてくるんじゃないですか、堀江社長みたいにブログで日記を発表する経営者って。

堀江　そうかもしれませんね。そうなったほうがいいですよ。だけど社長っていっても、いろんな人がいますから。なかには嘘ばっかり書く人だっているだろうし。

博士　あえて虚偽の情報を流して市場を混乱させるとかね。

堀江　まあそういうのも出てくるかもしれませんけど。

玉袋　でもそうやって、毎日社長が自分の考えや意見を発表してくれるんなら、もう月曜の朝の朝礼はいらないね。

堀江　朝礼はもともとやったことがないんですよ。意味ないですし。

玉袋　でもやってるとこありますよ。ライブドアの同業者でも、朝早くから。

堀江　それはあれでしょ、同業者っていっても営業中心の会社だと思いますよ。そういうところはしょうがないんです。営業マンって放っておくと、すぐさぼるから、毎日のように朝礼をやって、常に檄を飛ばし続けなければならないんです。

玉袋　そうか、シメないと緩んじゃうんだ。

堀江　たとえば月末になると、成績が下がる営業マンって多いんですよ。これには理由があって、その月のノルマをすでに達成してしまった営業マンは、ノルマを超える分の売上を、自分の引き出しにしまっちゃうんです。そのほうが次の月、楽ですから。でも経営者にすれば、そんなことされると困るんです。

玉袋　そりゃそうだ。

堀江　それで毎朝朝礼をやって、お前そんなことやっていないだろうな、隠している売上があったら全部吐き出せよってやる必要が出てくるわけです。そういうのって絶対顔に出ますからね。

博士　堀江社長はぶっきらぼうではあるけど、基本的に嘘をつくことだけは嫌な性格ですよね。ブログを読んでそう思いますけど。飾り気なし、裸でいるのが平気というか。

堀江　それは裸のほうが楽だからですよ。いったん嘘をつくと、もうずっと嘘をつき続けなければならなくなるじゃないですか。そうしないと辻褄が合わなくなるっていうか。それが面倒なんです。

博士　そのあたりの強さがありますよ、堀江社長には。逆に本当のことが言えなくて倒れていく、まさに恐竜の末路のような企業が最近は多いですからね。

堀江　長くやろうと思ったら、ディスクロージャーしなくちゃ、これからは。

博士　しかし一時は個人資産が一兆円近くあって、次々、会社を合併して、プロ野球チームも買おうとして、まさに『**桃太郎電鉄**』の社長みたいな人生ですよね。

堀江　『桃鉄』は僕も好きですよ。

博士　以前から『桃鉄』好きは言ってましたね。そうしたら今度ご紹介しますよ、『桃鉄』の制作者のさくまあきらさん。俺たち、めちゃくちゃ仲がいいんです。

玉袋　その方もすごいグルメだしね。

堀江　あれはおもしろいですよ。もうUSA版は出たんですか。

玉袋　いま、丁度、やってます。

博士　ちょっと余談になりますけど、アメリカの地理って、日本人でも名前は知ってるけど、どこにあるかわからないっていうのが多いでしょ。逆にアメリカ人も地理感覚がないでしょ。だからあのゲームをアメリカ人用にして向こうで売り出せば、ものすごく売れるんじゃないかな。アメリカ人ってモノポリーくらいしかやったことないし。

玉袋　四角く回るだけだからな、あれは。

堀江　それもおもしろいですね。やりましょうか。

博士　おお、どんどん、食いついてきましたね。『桃鉄』の世界大会

▼桃太郎電鉄
鉄道会社の運営をモチーフにしたコンピュータゲーム。プレーヤーは物件購入などで資産を増やし、最終的に資産がいちばん多かった人が勝ちになる。レギュラーシリーズ最新作は「桃太郎電鉄12」(二〇〇四年末現在)、二〇〇四年11月には「桃太郎電鉄USA」が発売された。

を主催しましょう！（笑）

堀江　次々と提案してきますね（笑）。

博士　どうですか、もっといろいろアイデア出しますから、こうなったら、我々のデスクをライブドアに置くというのは（笑）。

堀江　いいですけど、事務所は大丈夫なんですか（笑）。

博士　それは、もう買い取っていただいて（笑）。映画もさっきの『お～い！竜馬』だけじゃなくて、ドカンと世に打って出ましょうよ。

堀江　そうですね。ネットシネマはずっとやっているんですけどね。ただ劇場公開となると、やっぱりハードルが高いですから、慎重にやらないと。

博士　慎重にやらずに自費で映画をつくってスッテンテンになったスターは何人もいますからね。まあでも一兆円あれば多少のことはね。

玉袋　うん、大丈夫。

博士　最初に『ド・ナイト』で堀江社長のことを〝一兆円男〟って紹介したじゃないですか。そのとき計算したら、一兆円って三十年間毎日一億円ずつ使わないとなくならない、松井秀喜の年俸で１３８８年分なの。それくらいものすごい金額なわけですよ。ただ、たけしさんもそうだけど、そんだけお金を持っちゃうと、もうなにかを買いたいから、これだけお金がほしいというんじゃなくなっちゃう。前の堀江社長の自宅に行って思ったけど、そんなにギラギラに飾り立てているわけじゃないし、あのころ、テレビも、いまだにプラズマじゃなかったし。

堀江　プラズマテレビは買いましたよ。

博士　それは俺が、ロケで自宅訪問したとき、ものすごく力説したからでしょ（笑）。

堀江　いまはプラズマで五・一チャンネルのサラウンドです。

博士　それはいまどき、金回りのいい大学生だってそうですよ（笑）。堀江社長はもう物欲じゃないんですよ、お金儲けのモチベーションが。俺らみたいにどうしてもプラズマテレビがほしいから働くっていうレベルじゃない。もうイチローや松井と一緒。松井なんて、ジャイアンツが二十億でもいいって言っているのに、それより世界で戦うほうを選んだわけじゃないですか。

玉袋　関口会長もあれはあれで、ロマンを感じさせてくれるよね。

博士　あの人もお金は自分のためというより、人を楽しませるとか、驚かせるためのものになってますよね。そのために自分が広告費を払って自分を広告してるっていうかね。

玉袋　八千万円の時計も広告費だから（笑）。

博士　ただ関口会長に関して言うと、『ド・ナイト』は、関口ヒストリーを展開していったけど、その後、ほかのテレビに出ても、番組の扱いが、洋服や、装飾品に驚いて、これはいくら、へー、スゲーッだけでしょ。上っ面の世界的馬主と金満家自慢で終わってんだよ。せっかくのあれだけのキャラを、それで終わらせてるのがもったいないんだよ。本当は、技術者のアウトソーシングを世界で最初に発想した日本のベンチャーのパイオニアであり、自ら図面も画《か》ける設計技師でもある部分は見落とす。俺なら、そういうところも含めて広げるんだけどな〜。

玉袋　関口会長の話は、また別にやれよ（笑）。

博士　俺は堀江社長の逸話で言えば、「ラスベガスで絶対負けない」

って話が好きなんだけど。
玉袋　言ってたね。
博士　負けたらその倍、またその倍って掛け金を上げていけば必ず勝つ。だってラスベガスのカジノより、自分のほうが、お金を持ってるんだから、絶対パンクしない（笑）。それはすごい話だと思ったな。
堀江　大袈裟《おおげさ》ですけどね（笑）。

二〇〇五年、目標は紅白出場⁉

博士　さて二〇〇四年は、まさに堀江社長の年だったわけですけど、二〇〇五年はどうしましょう。
玉袋　それはやっぱり紅白でしょう。テコ入れとして。
堀江　（笑）
博士　ぜひ出場してほしいですね。あの鈴木その子社長だって、ブレークしてから、あれよあれよという間に紅白出演まで行きましたから。
堀江　出たんですか、あの人、紅白に。

玉袋　出ましたよ、白組の応援団で（笑）。

博士　しかも鈴木その子社長は、六十六歳まで、一度も紅白見たことがなかったというのに。

玉袋　そういうみんなの予想もできないことをやって驚かせてくれる人って、いまは堀江社長や、関口会長しか、日本にいないもんな。猪木さんも、もはや往年のパワーはないし。

堀江　猪木さん、還暦、超えてますからね。

博士　猪木さんの向こうを張って、紅白の裏で格闘技はどうですか。「堀江祭」とか「ホリエ・ボンバイエ」とか。

堀江　いいじゃないですか、それ。本気で考えましょうか（笑）。

博士　それそれ、平気で乗ってくるでしょ、その子さんも同じですよ（笑）。美白の女王だから、紅白の裏で、白だけ集めてやりましょうかって、提案したんですよ。

玉袋　白白歌合戦（笑）。

博士　俺たちが冗談でそういうこと言うと、すぐ秘書の人に「ちょっと、紅白の裏番組ってどれくらいお金かかるの」って、本気で計算しだしたの（笑）。そういう人だったんですよ。だからこそテレビで売れたし、大衆に支持された。

玉袋　堀江社長に期待するのは、まさに紅白の裏で弱った紅白にとどめを刺すようなすごいことだね。

博士　堀江社長の場合、「お金で、なんでも買える」という言葉が独り歩きしちゃって、それで顰蹙《ひんしゅく》を買ったりしているけど、その言葉の真意って、お金があれば女だってどうにでもなるとか、そういうことじゃないわけでしょ。お金持ちであることを、羨望や、嫉妬の対象にしなくても、もっと、夢のある、ポジティブな物に見せたほうがいいですよね。普通の人の想像も及ばないサプライズができるってこともそのひとつだと思うんです。プロ野球チームを買おう、宇宙旅行を手がけよう、なんて、まさにそうじ

ゃないですか。しかも、この巨万の富はゴールじゃない。いまの時点でも自分の自己実現の通過地点だと自覚もしてるでしょう。いま、日本がこれほどの経済大国になる過程で立志伝中の人物は多々いただろうけど、それもエコノミストは知っていても、いまや一般には忘れられ、風化していくわけじゃない。でも、いままさに、こうして若き日から、物議を醸し、テレビにも出て、誰の目にも明らかに、おもしろい、刺激を与える存在のまま、語られる伝説になってほしいじゃない。三十歳そこそこで、プロ野球チームを買い取ろうと、手を挙げて、旧弊の体制に風穴を開けたことを勇気ある美談にしてほしいよね。妬みじゃなくて。だから今年は、もっとスケールのでかいことをやって、世間の度肝を抜いてほしいんですよ。そのときは、ぜひ浅草キッドの企画力と、芸能界から政財界まで網の目のように張り巡らされたネットワークを利用してください（笑）。

玉袋　まだ、言うか（笑）。だったら、俺も忘れず一枚かませて！

堀江　わかりました。ぜひ一緒にやりましょう。

（二〇〇四年一二月二八日）

〈著者略歴〉

堀江貴文（ほりえ・たかふみ）

株式会社ライブドア　代表取締役社長兼最高経営責任者。

1972年、福岡生まれ。1996年4月、東京大学在学中に有限会社オン・ザ・エッヂを設立。2000年4月、起業からわずか4年で東京証券取引所マザーズに株式を上場し、数多くのウェブサービスをはじめ、データセンター事業、ネットショップ事業、プロバイダー事業を展開。

2004年2月にエッジ株式会社から株式会社ライブドアへ社名変更。2004年6月にプロ野球界への参入を表明、2005年2月にはライブドアの子会社を通してニッポン放送の株式を大量に取得。その言動が絶えず注目を集めている。

主な著書に、『100億稼ぐ仕事術』『堀江貴文のカンタン！儲かる会社のつくり方』（以上、ソフトバンクパブリッシング）、『稼ぐが勝ち』（光文社）、『100億稼ぐ超メール術』（東洋経済新報社）などがある。

儲け方入門
100億稼ぐ思考法

2005年3月25日　第1版第1刷発行
2005年4月15日　第1版第3刷発行

著　者◎堀江貴文
発行者◎江口克彦
発行所◎PHP研究所
東京本部　〒102-8331　千代田区三番町3-10
文芸出版部　☎03-3239-6256（編集）
普及一部　☎03-3239-6233（販売）
京都本部　〒601-8411　京都市南区西九条北ノ内町11
PHP INTERFACE　http://www.php.co.jp/

組　版◎タイプフェイス
印刷所
製本所◎笹徳印刷株式会社

ISBN4-569-64094-X

会社は絶対、やめていい！

自由になれば、お金も幸せも手に入る

石井　貴士　著

アナウンサーとして活躍するなかでの独立企業。自らも一大決心から成功した著者が、あなたに一歩を踏み出す勇気を与えてくれる一冊。

定価一、二六〇円
（本体一、二〇〇円）
税五％